Der Landkreis Hof

W0313335

Fotografien von Reinhard Feldrapp · Texte von Godehard Schramm

© 2003
Hoermann Verlag
Oberer Torplatz 1
95028 Hof
www.hoermann-verlag.de

Herausgeber:
Reinhard Feldrapp
Flurstraße 38
95119 Naila
www.feldrapp.de

Fotografien: © Reinhard Feldrapp,
Willi Feldrapp, Seite 91.
Texte: © Godehard Schramm

Konzeption, Layout, Produktion: Atelier Feldrapp
Bildtexte: Reinhard Feldrapp
Druck und buchbinderische Verarbeitung:
Mintzel-Druck Hof, www.mintzel-druck.de

Printed in Germany
ISBN 3-88267-065-7

© 1. Auflage 2003. Alle Rechte vorbehalten.
Nachdruck oder Reproduktion, gleich welcher Art,
ob Fotokopie, Film, Scan und Digitalisierung auf
Datenträgern sowie online sind verboten.
Alle Angaben und Texte im Buch wurden sorgfältig und umfangreich erarbeitet.
Für evtl. Fehler übernehmen Autoren, Herausgeber und Verlag keine Haftung.
Quellen: Lexikon Fichtelgebirge, Lexikon Frankenwald, AckermannVerlag Hof.

INHALT

VORWORT

Dies ist ein ganz besonderes Buch. Kein Heimatbuch und auch kein Landschaftsbuch im herkömmlichen Sinne, sondern ein kleines Kunstwerk, das sich einer strengen Einordnung entzieht.

Das liegt vor allem an den beiden Personen, die dieses Buch verantworten. Ich bin froh und glücklich darüber, dass mit Reinhard Feldrapp einer unserer besten Fotografen und mit Godehard Schramm einer der hervorragendsten fränkischen Schriftsteller eine Idee verwirklicht haben, die Reinhard Feldrapp schon seit Jahren mit sich herumträgt: Ein Buch über den Landkreis Hof als liebenswerte Region inmitten Europas, die sich keineswegs zu verstecken braucht. Lassen wir uns als Leserinnen und Leser verzaubern von den grandiosen Bildern dieses Buches und von den so ganz und gar nicht ins übliche Schema passenden poetischen, feinsinnigen Texten von Godehard Schramm. Lassen wir uns ansprechen von diesem Band, der faszinierend, spannend, unterhaltsam und heiter-humorvoll zugleich ist. Vielleicht geht es Ihnen am Ende so wie mir – und Sie schätzen sich glücklich und zufrieden, hier zu leben, zu arbeiten und zu entspannen.

Bernd Hering
Landrat

DIE AUTOREN

Reinhard Feldrapp, Fotografenmeister, Jahrgang 1951, lebt in Naila im Frankenwald.

Schon als Jugendlicher Kontakt zur Fotografie durch seinen Vater Willi Feldrapp.
1968-1971 Lehrzeit, Gehilfenprüfung im Fotografenhandwerk.
1971-1975 Wanderjahre, Auslandsaufenthalte.
1975 Meisterprüfung im Fotografenhandwerk.
1977 Selbständigkeit, seitdem tätig für Unternehmen, Verlage und Behörden.
Seit 1985 Autorenfotografie, zahlreiche Stadt- und Landschaftsbildbände.
Seit 1990 kunstfotografisches Schaffen, Realisierung eigener Projekte.

Dr. Godehard Schramm, 1943 in Konstanz geboren, lebt seit 1972 als freischaffender Schriftsteller in Nürnberg. Seine Romane, Gedichte, Essays und Erzählungen sind auch Erkundungen von Nah und Fern: u.a. „Mein Gardasee", „Regnitzreise", „Krippenparadies Bamberg". Seine „SelbsterlebensBeschreibung" (Autobiografie) heißt „Reisen nach NEA-polis". Osteuropa und Franken, insbesondere Oberfranken, beschäftigen ihn seit langem. Den Zauber der Umgangssprache entdeckte er in „seinem" Dorf Neidhardswinden – mit „77 fränkische Ländler" und der CD „Über Stock und Stein. Fränkische Horchbilder". Unter den zahlreichen Auszeichnungen: Bundesverdienstkreuz, „Friedrich-Baur-Preis" der Bayerischen Akademie der Schönen Künste, der gesamtfränkische „Otto-Grau-Preis", „Kulturpreis der Oberfrankenstiftung" (2001) und „Wolfram-von-Eschenbach-Preis" des Bezirks Mittelfranken (2003).

Blick vom Aussichtspunkt
„König David" über das Höllental

Saaleschleife bei Joditz

LANDSCHAFT & NATUR

Im Landkreis Hof ist die Natur natürlich und intakt, bietet Erlebnisse zu allen Jahreszeiten. Vor allem ist die Vielfalt der Landschaftsformen eine Eigenart, die so in Bayern wohl einzigartig ist. Montane Wälder, granitene Felsformationen, idyllische Wiesentäler, tief eingeschnittene Flusstäler und weite Agrarflächen ergeben eine Mischung von Kulturlandschaft ganz besonderer Qualität.

Blick über den Frankenwald von Neuhaus bei Selbitz zum Döbraberg

ERSTE ERKUNDUNGEN
Vorstöße nordwärts

Nordrand, Randland – so hatte ich das Hofer Land im Bewußtsein, als ich zum ersten Mal in Hof selbst ankam, 1968. Als junger Dichter war ich zu Claus Hennebergs exotischer Veranstaltung „tage für neue literatur“ eingeladen; in der „Galerie im Bootshaus“ las ich erste Texte vor, und das Aufregendste folgte tags darauf: Dichterlesung in einer Fabrik – endlich „echte Menschen“ als Zuhörer, dachte der damalige Student der Slawistik. Es kam mir merkwürdig vor: soviel Industrie, so überraschend viel Fabriken – und außen herum nicht das Stadtdichte des Ruhrgebiets, sondern Grünland, Waldland, und die Stadt mutete so unversehrt an – als machte dort nichts schmutzig.

Nordrand, Randland – so hatte ich das Hofer Land im Bewußtsein, und gleich dahinter, im Stacheldrahtzaun der Zonengrenze war ein Nadelöhr, ein winziges Loch im Eisernen Vorhang. Jetzt, so scheint es, ist das alles wahnsinnig lange her, beinahe schon vergessen. Allenthalben ist von der „Mitte Europas“ die Rede – aber, so wie meistens die Wahrheit eben nicht in der Mitte liegt, so ist auch die Vorstellung, daß die Mitte das eigentliche Zentrum sei, eine irreführende Bezeichnung. Mitte ist etwas anderes als das Stehen im Mittelpunkt. Töricht ist es, wenn ein Mensch immerzu im Mittelpunkt der Aufmerksamkeit stehen will.

Eher scheint mir, daß dieses Landstück ganz einfach mittendrin in Europa liegt, in einem Europa, das bis 1989 auf grausame Weise halbiert war.

Bücher haben mich seit jeher fasziniert – und Landkarten. Die Karten von Ländern sind von einer verlockenden Genauigkeit, eigentlich sind sie ein Musterbeispiel für Unbestechlichkeit – und wer sie betrachtet, um sich zu orientieren, hat stets das Gefühl, daß er eigentlich in einem Hubschrauber fliegt und immer klare Sicht, vorallem Übersicht hat. Seltsam, daß unter jeder Karte von heute schon eine Karte darunter wartet, ungeduldig, und darunter die nächste von vorgestern und darunter noch eine und immer so fort – Wahrheit liegt also in der Tiefe... Unter dem Heute, unter dem Sichtbaren ist es wie im Fichtelgebirge: In der Tiefe liegen die verborgenen Schichten: diese seltsamen Schichten der Geschichte...

Was da heute so klar umrissen erscheint, wie eine Raute mit ziemlich unregelmäßig sich schlängelnder Randlinie, was da eigentlich einprägsam die Kontur des Landkreises Hof umreißt, das gab es in dieser Gestalt früher nicht: Zusammengenäht aus vier Landstücken ist der Landkreis Hof, der die kreisfreie Stadt Hof umgibt. In diesem landgrünen und stadtroten und ortsschwarz-getüpfelten Teppich sind vier Landstücke zusammengefaßt: Die Altlandkreise von Hof, Naila, Münchberg und Rehau.

Jeder von uns kann sich, wenn er das übliche Glück des Menschen hat, an seine Eltern und wohl auch noch an seine Großeltern erinnern; mit ihm selbst beginnt jeweils seine Zeit – und zugleich ahnt er, ja weiß er, daß es da immerzu ein vorher gab und weiterhin gibt. Selbstverständlich berührt das heute niemanden mehr, ob dieses Hofer Land irgendwann einmal durch den Einfall von Hussiten oder während des Bundesständischen Krieges verwüstet wurde... Es ist dem Bewohner dieses Landes ziemlich gleichgültig, daß die heutige Nordgrenze schon anno 1524 bei einem Grenzvergleich zwischen Sachsen und der Markgrafschaft Kulmbach-Bayreuth festgelegt worden ist.

Seltsam, nicht wahr, daß bei all den Grenzverschiebungen, mitten in Europa, immerhin die Grenze zu Thüringen seit dem 14. Jahrhundert in diesem Land stets dieselbe blieb; daß sie fast ein halbes Jahrhundert ein schier undurchdringlicher Stacheldrahtzaun war: jetzt mutet das wie eine Episode an...

Dieses „nord-ost-ober-fränkische“ Land hat mich immer wieder fasziniert – aus ganz verschiedenen Gründen.

Die erste Faszination rührt vom Eindruck der Landschaft her: es ist das Weiträumige, das nirgendwo eng macht – wie etwa in felsschroff engen und tiefen Tälern der Alpen. Nordrand und Randland sind Weitland und Waldland zugleich – und die Städte darin haben dieses wundersam oberfränkische „Nie-zu-groß“.

Und wenn auch während der europäischen „Eiszeit“, zwischen 1945 und 1989, der Nordrand mordmesserscharf gezogen war: Die Landkarten, ja die Landkarten scherten sich nicht um die Grenzziehungen der Willkür der Mächtigen – sie beteuerten geradezu treuherzig den Zusammenhang.

Ist es nicht geradezu von symbolischer Kraft, daß das Hofer Land, am Nordostrand von Oberfranken gelegen, wie dieses, umnachbart ist... Oberfranken selbst ist sechsfach umnachbart – und wer genauer hinschaut: der sieht im Nachbar-Sachsen dieselben „-grün“-Endungen wie daheim – Sachsgrün und Burghardsgrün oder Zeitlarsgrün. Es grünt so besonders grün, hier, mittendrin in Europa. Und wer die Ortsnamen im angrenzenden Böhmen liest und unter den tschechischen Namen die deutschen liest, könnte fast meinen: Ausland ist das nicht – zwischen Liebenstein, Himmelreich und Schönbach... Nun gut, so einfach ist es nun auch wieder nicht: denn nicht jeder Ort wird eben bloß ein bißchen anders geschrieben, wie etwa das deutsch klingende Asch, das im Tschechischen eben As geschrieben wird...

Dieses einst „vier-landkreisige“ Hofer Land, mit der bildschönen Bezeichnung „Landkreis“, ist etwas geworden, das ohne marktschreierisches Werben etwas ganz Eigenartiges zeigt: Hier ist die Vielfalt Deutschlands auf beinahe leise Weise zu erleben.

Es gibt ja Gegenden in Deutschland, da sieht man vor lauter Bauwerken, Siedlungen und Straßen so gut wie nichts mehr von Landschaft. Durchaus dicht besiedelt hat dieses Hofer Land noch immer den Vierklang seiner verschiedenen Landschaften: im Westen das Grünfeuer des Frankenwaldes; im Süden die nirgendwo monotone Hochfläche um Münchberg; im Nordosten das Weite des Vogtlandes, und im Südosten diesen Grünriegel vom Waldsteingebirge, einem Waldmuskelarm des Fichtelgebirges.

Waldgrün und Weidengrün; dazwischen Bäche und Flüsse, wenn auch nicht schiffbar; und zudem an Weihern und Seen fehlt es nicht. Geradezu anhänglich klingt es, wenn es bei zwei Ortsnamen so fluß-schlangen-anmutig mitschwingt: Hof an der Saale und Schwarzenbach an der Saale – gut zu merken, denn das andere Schwarzenbach sagt: wir sind das Schwarzenbach am Wald!

Ziemlich mittendrin verläuft die Nord-Süd-Achse der Autobahn Nürnberg-Berlin; über weite Strecken ist sie eine

Panoramastraße, die, trotz aller Stauplagen, im Westen wie im Osten diesen nordostoberfränkischen Landteppich ausbreitet. Zwischen Alarmanlagen, Baumärkten, Computer-Service und Containerdienst, zwischen Autozulieferbetrieben, Speditionen und Tankstellen ist fast alles da – sogar Windkraftanlagen; nur Schiffswerften für hochseetaugliche Boote wird man hier nicht finden...

Die Hauptorte des Hofer Landes sind allesamt mit der Eisenbahn erreichbar – und schon dieses Wort offenbart ja, daß auf der Eisenbahn längst nicht mehr das schnaubende Dampfroß verkehrt; Eisenbahn ist beinahe ein Synonym für Veränderung geworden. Und wer das Wort vom Straßennetz wortwörtlich nimmt, der weiß, daß ein Netz kein flächendeckendes Tuch ist, sondern aus vernetzenden Linien besteht.

Es wäre schon einmal eine Ferienwoche wert, das ganze Liniennetz mit den Bussen der RBO, „Regional-Bus Ostbayern“, zu befahren – zwischen Sparneck und Lichtenberg, Geroldsgrün und Feilitzsch, zwischen Reuthlas und Marlesreuth, Issigau und Oberkotzau...

Daß man in Hof-Pirk auch mit dem Flugzeug landen kann, ist bekannt – ich würde gar zu gern einmal auf dem „Sonderlandeplatz Helmbrechts-Ottengrüner Heide“ landen... Bei einem Rundflug wäre es gut zu sehen, das uralte, Übersicht schenkende Landkartenerlebnis: den Vierklang dieser nordostoberfränkischen Landschaft, der eigentlich ein Viererakkord ist: Frankenwald, Münchberger Hochfläche, Fichtelgebirge und Hofer Vogtland...

Das Eigenartige, das Einmalige aber liegt darunter: Es ist das Zusammenspiel von Beständigkeit und ständigem Wandel. Schon merkwürdig, wie sich in dem eigentlich permanenten Strukturwandel nicht nur die Konturen dieses Vierer-Akkords der Landschaft hielten, sondern auch die Orte ihren unverwechselbaren Charakterkern bewahrten – und in eben dieser haltbaren Fassung geschieht das, was hier ganz positiv gemeint ist: Anpassung. Damit ist nicht der Mensch gemeint, der sich duckt und sich eben gehorsam anpaßt, wie das in üblen Zeiten deutscher Geschichte geschah; gemeint ist hier etwas anderes: der Mensch macht hier solange herum, bis er, um bleiben zu können, in den Schuh seiner Gegend hineinpaßt. Und dieses Passend-Machen ist einer der vorzüglichen Charakterzüge von Oberfranken – auch wenn es dabei immer wieder Blutblasen gibt; der Mensch ist ja dazu da, daß er alle Zumutungen des Lebens wie das Wetter nicht als unzumutbar verwirft, sondern daß er sich an seinem Ort all dem mutig stellt. Dieses Oberfranken ist ja geradezu ein Paradebeispiel dafür, wie umstellungsfähig der Mensch sein kann, wenn er nicht stehen bleibt und greint, weil es hier eben mit Bergbau nicht mehr geht.

Es gibt da immer wieder schmerzliche Verluste; es geht schier aberwitzig viel an gewohnten Arbeitsplätzen verloren – und dennoch machen die Bewohner dieses Landes nicht den Eindruck, als fühlten sie sich hier verloren. Mir scheint, daß sie trotz aller Nötigungen und undurchschaubarer Zwänge gewillt sind, sich hier zu halten.

Beweisen kann ich es nicht, aber mir scheint, daß hier die Mitgift der Landschaft und der Orte eine wichtige Rolle spielen, damit sich die Einwohner im Einheimischen halten können und wollen. Niemanden aus einer anderen Region Deutschlands möchte ich kränken – aber wer sich von mancher Lockvogelgegend hierher begibt, der wird mir beipflichten: Hier ist ein Ausschnitt von „deutsch-echt“ zu sehen, zu erleben, und zu schmecken.

Und auch zu hören – im eigenartigen Gelaute der Umgangssprache, die mancherorts mit ihren Doppellauten dem Gesprochenen einen besonderen Klang geben: wenn aus du ein „dou“ wird, das vertraute grün plötzlich „grej“ aufscheint und das Gras eben „Graos“ heißt... Und dann versteht man alsbald das Klangspiel der Doppellaute – wenn es auf einer gewissen Höhe so arg gefroren hat, daß sich so ein armes Büblein die Ohren erfroren hat: „Af der Gäierlesser Hai haods gefraoern wej Haoern; dao hood sich mei Bejbla die Aorn derfraoern – benn Saoern...“ Und wirklich, in dieser Aussprache sind dann manche Häuser besonders farbschön: „Dej midn grejna Fensderläidna...“

Selbstverständlich und ganz natürlich: Ein Landkreis, wie auch der Landkreis Hof, besteht zunächst aus dem, was sich zahlenmäßig erfassen läßt: Von der Einwohnerzahl bis zum Verkehrsaufkommen, vom Steueraufkommen bis zu den Arbeitsplätzen, von den Handwerks- und Betriebszahlen bis zu den Festmetern der Forstwirtschaft: Zahlen sind wichtig, Zahlen sind Fakten – aber über Wert und erst recht über Eigenart und Schönheit einer Landschaft sagen sie wenig aus. Zahlen werden sehr schnell zu Schnee von gestern, und Aktualität ist etwas besonders Wetterwendisches – natürlich ist für jeden von uns das Heute die vordringlichste Aufgabe, doch leben wir ja, gottlob, mit Gedächtnis und Erinnerung, immerzu auf Zukunft hin. Und wen einmal dieses Oberfranken zu faszinieren begonnen hat, der läßt sich immer wieder auf das Anregende, auf das Vielschichtige und auf das Überraschende ein; es gilt dabei nicht, irgendwelche Geheimnisse aufzuschlüsseln, aber in diesem vielgestaltigen Land gibt es Entdeckenswertes, dem zu begegnen sich lohnt. Und so hat auch der Landkreis Hof etwas Einladendes: zum Wiederholen, zum Wieder-Herholen.

Ich schlage jetzt einen meiner insgesamt sieben grünen Reisepässe auf, aus der „grünen Paßzeit“ der Bundesrepublik Deutschland: die Visa der Polnischen Volksrepublik oder das „Ceskoslovenske vizum“ nahmen seinerzeit mit allen Aus- und Einreisestempeln eine ganze Seite ein...

In diesem Paß findet sich zweimal die DDR eingestempelt – oben grün, unten violett; einmal steht darunter Eisfeld, ein andermal der Ort Mödlareuth. Noch heute sehe ich den ein wenig unsicher wirkenden Grenzer aus dem Osten Deutschlands, uns nicht schikanierend, gar nicht kontrollierend. Er war freundlich und doch verdutzt und irgendwie auch erleichtert, daß nun dieser Trennzaun, diese Teufelsmauer in dem Ort Mödlareuth keine Giftzähne mehr hatte; und er meinte, mit etwas nicht ganz geheuerer Zuversicht, daß er wohl an die tschechische Grenze komme, wenn nun sein Arbeitsplatz hier alsbald verloren gehe...

Längst ist die Wunde Mödlareuth vernarbt; vielleicht schon verheilt – jedenfalls zeigte sich die Teilungswunde Deutschland hier, im Landkreis Hof, auf besondere Weise... Man weiß nie, wie lange jemand braucht, um Wunden zu verwinden... Aber diese Trennung ist überwunden und wohl bald auch verwunden. Ich muß jetzt schmunzeln beim Durchblättern dieses Passes, der mehrfach von Geschichte gezeichnet wurde: im wundersamen Jahr 1989... Neben dem „Eisfeld-DDR"-Stempel ist nämlich noch so ein grün-violetter Eintrag: Ich bekam ihn, 1990 von Kiew zurückfliegend, auf dem Flughafen Berlin-Schönefeld; das Grenzpersonal trug nun keine Ostuniform mehr, der Stempel hatte noch dasselbe Format und dasselbe DDR-grün-violett: Das Land aber hieß nun Bundesrepublik Deutschland...

Ist es nicht wundersam, daß nach Jahrzehnten von Zonenrandgebiet und Grenzlandförderung jetzt der Landkreis Hof erneut zu einem Durchgangsland geworden ist, in dem wieder ein ganz neues Lernen-Müssen einsetzt: sich einzustellen auf die neuen Nachbarn, die, unbewaffnet jetzt, nicht mehr in ein feindliches Lager abgetrennt, Mitbürger Europas sind... Ich bin zuversichtlich, daß es gelingen wird mit dem Sich-Anfreunden mit den Nachbarn in Tschechien. Tschechisch ist nämlich eine ungewöhnlich melodisch-schöne Sprache, und es hört sich herrlich an, wenn jemand von dort zu uns sagt: „Hier haben wir keine Angst – tady nemáme strachu".

Der Landkreis Hof, dieses Rauhland, dieser Nordrand, dieses einstige Randland, das nun freilich nicht am Mittelmeer liegt, ist aber mit Sibirien überhaupt nicht zu vergleichen – das konnte nur ein föhnverwöhnter Oberbayer in völliger Unkenntnis als „Bayerisch-Sibirien" bezeichnen.

Dieses Land mit soviel Orten, die ihr „Schluß-itz" so gerne silberhell aufblitzen lassen und damit nachdrücklich mit ihrem „Viel-Itz" an slawische Herkunft erinnern – dieses Land ist auch ein GrünLand, mit GrünOrten, die manch witzige Verbindung ergaben: Zwischen Marxgrün und Christusgrün...

Was trägt und was speist diese Land-Stadt-Orte-Landschaft? Diesen Reichtum wollen wir in Stichproben erschließen, mit Sprache erobern und mit Bildern anschaulich machen: als Doppelporträt.

Im Langenautal bei Geroldsgrün

Von der Schönburgwarte auf dem Großen Kornberg eröffnen sich Panoramen in alle Himmelsrichtungen. Fast vollständig kann von hier aus der gesamte Landkreis überblickt werden, wie hier nach

IM NORDLAND

Wieder einmal „Expedition" über den Hienberg-Paß ins eigenartige NordrandLand: Woher rührt die Sehnsucht nach Neuland? Ist die geheime Sehnsucht, wirklich Neues zu erkunden, die Triebkraft? Ist´s das Verlangen nach Vertiefung?
Wer hier immer lebt und arbeitet, für den ist sein Wohnort jeweils der Mittelpunkt im Landkreis Hof. Jeder „Immer-Hier-Mensch" ordnet die anderen Orte seines Landkreises vom Heimatort aus – und je nach dem wird seine Hauptstadt Hof im Nordosten, im Norden oder im Süden liegen.

Der Durchreisende wird sich an den Autobahnausfahrten orientieren. Der gezielt nur einen Ort Aufsuchende wird den LandkreisZusammenhang nicht brauchen. Aber der „Nur-manchmal-da-Mensch", der braucht eine innere Landkarte von diesem Landkreis.

Der „Nur-manchmal-Da" hat die östliche Mitte, die Hauptstadt Hof, schnell im Kopf. Dann merkt er sich die Planeten-Orte rund um Hof: Rehau, Schwarzenbach an der Saale, Münchberg, Helmbrechts, Schauenstein, Schwarzenbach am Wald, Selbitz, Naila, Bad Steben und Lichtenberg.

Und schon weiß der „Nur-manchmal-Da": auch hier wirst du niemals alles kennenlernen – und sogleich tröstet ihn ein „Immer-Hier": „Meinst Du denn, ich sei schon zwischen Hermesgrün und Schönlind in jedem Ort des Landkreises gewesen? Na, also!"

Der „Nur-Manchmal-Da" hat die größeren Orte alle längst sicher im Kopf, und während er nordwärts fährt, versucht er sich, wie einen Rosenkranz, dem Alphabet nach die Gemeinden des Landkreises Hof einzuprägen:

Bad Steben
Berg
Döhlau
Feilitzsch
Gattendorf
Geroldsgrün
Helmbrechts – eine Stadt!
Issigau
Köditz
Konradsreuth
Leupoldsgrün
Lichtenberg – auch eine Stadt!
Münchberg – natürlich auch eine Stadt!
Naila – die Stadt „Naala"!
Oberkotzau
Regnitzlosau
Rehau – wieder eine Stadt!
Schauenstein – schau an: auch eine Stadt!
Schwarzenbach N° 1 – Stadt an der Saale!
Schwarzenbach N° 2 – Stadt am Wald!
Selbitz – wieder eine Stadt!
Sparneck
Stammbach
Töpen
Trogen
Weißdorf
Zell

Wie er die Namensliste nochmals durchgeht, damit auch ja keine Gemeinde übersehen ist, da zählt er weder die Zahl der Einwohner noch die jeweiligen Flächen dieser Gemeinden, doch da fällt ihm etwas Merkwürdiges auf: Dieser Landkreis Hof hat außer Gemeindeflächen auch noch gemeindefreie Gebiete, insgesamt 48,29 Quadratkilometer: Es sind vier solcher Ländereien: drei an der Südgrenze und eine am Nordwestrand – also Waldland, Grünland, Freiland, Wildland... Wunderbar, denkt sich der „Nur-manchmal-Da", daß es noch solche Landpuffer gibt, Oasen des Unverbrauchten...

Der „Nur-manchmal-Da", der sich selbst als den „Gern-immer-wieder-Hierher" bezeichnet, verläßt jetzt die Autobahn Nürnberg-Berlin am ersten Hofer Auslaß – es ist die Ausfahrt Münchberg-Süd, eine Bezeichnung, die ihm von Staumeldungen bekannt ist.

Er fährt jetzt west-nordwestwärts. Es verwundert ihn, nein: es freut ihn: wie hier so ganz plötzlich die Orte aufhören und dann fängt Land an – WeitLand, GrünLand, WaldLand. Eigentlich ist es ein AugenweideLand, ein Land, in dem die Augen weiten Auslauf haben. Es ist eine wohltuende Weite – und wie langsam er auch fährt oder einfach aussteigt und ein gutes Wegstück zu Fuß geht: er findet keine Stellen, wo das Land verschandelt anmutet. Es kommt ihm so vor, als würde das nicht besiedelte Land von den Leuten hier pfleglich behandelt; es darf einfach Land sein.

Zu diesem äußeren Eindruck kommt ihm plötzlich dies zu Bewußtsein: Das Hofer Land ist der Landkreis in Oberfranken, der keine große Burg vorzuweisen hat. Ein burgenloses Land also, in dem es, salopp gesagt, nicht diese Muskelprotze der Macht gibt, wie etwa in Coburg, Kulmbach oder Kronach. Gleichwohl gibt es hier allerlei Schlösser, „Ansitze" – und das gibt dieser Landschaft den Akzent einer besonderen Anmut: Herrschaft, Herrschaften wohl – aber keine Zwingburgen!

Der „Gern-immer-wieder-Hierher" wendet sich um und sieht diese herrliche Riegelkontur des Waldstein-Gebirges im Osten. Er staunte über die Wucht der Kirche in Münchberg: wie sie über die Häuser der Stadt ragt! Was für eine Lage!

Und dann stimmt ihn etwas heiter: es ist etwas, das ihn anrührt, hier im Hofer Land; etwas Eigenartiges, das ihm gefällt, etwas Charakteristisches: Es sind die Häuser mit ihrem „Nicht-zu-groß" und mit ihrem „Ich-trag-gern-mein-eigenes-Farbkleid". Und er sagt zu sich selbst: „Wer hat bloß den Unsinn verbreitet, daß nur im Süden Bayerns ein Mut zu farbigen Häusern vorhanden sei? Hier gibt´s etwas Farbmutiges – bis hin zum KeckBlau!"

Er fährt weiter, Richtung Helmbrechts, und jetzt stutzt er: Ein Stück breite Straße im Wiesengrün und daneben die Miniaturausgabe von einem Tower – das also ist er, der Sonderlandeplatz Ottengrün... Er schmunzelt über dieses Feldflugplätzlein, denkt plötzlich an Flüge nach Limoges oder Charkiv: dieses Weit-Draußen von „Mini-Air-ports"... Und er wird eine Karte schicken an einen seiner Bekannten aus der Verwaltung vom Bezirk Oberfranken: „Du wirst sehen: Wenn sich die Partnerschaft zwischen Oberfranken und Transkarpatien in der Ukraine weiterhin so gut entwickelt, dann brauchen wir bald keine zweitägigen Busreisen mehr dorthin – wir fliegen von Helmbrechts-Ottengrün direkt in die karpatho-ukrainische Hauptstadt Ugorod!"

Und schon ist er in Helmbrechts: Wieder dieses Individuelle der Häuser, so nah beieinander! Herrliches sattes Ockergelb und so ein geradezu freches Französisch-Grün!

Dieses Intime von Städten im Hofer Land! Geprägt durch das Individuelle der Häuser... Ohne das stereotype Unisono von HausMassenware... Er hatte vom Vortag noch eine Landkreiskarte im Kopf: Da waren, rot gedruckt, nur die Zeichen der Präsenz der Sparkasse – „Nähe sei kein Zufall, sondern Absicht" hatte er gelesen und dabei unwillkürlich den Sparkassen die Daumen gedrückt, daß das auch künftig so bleibt. Und dann las er in einem Sparkassenfenster den werbend suggestiven Satz: „In der Ruhe liegt die Ertragskraft". Was für ein gewichtiger Satz! Was für ein richtiger Satz... Ruht es nicht in sich, dieses Hofer Land? Und dabei sperrt es sich ja nicht gegen die Züge der Zeit – es liegt ja mittlerweile an den drei Verkehrsstromadern von Autobahnen: an der Nordsüdlinie München-Nürnberg-Berlin, an der Ostwestlinie nach Plauen, Chemnitz und Dresden, und an der östlichen Nordsüdlinie von Hof nach Regensburg.

Wundersames NordrandLand in der WestnordEcke...
Weiler. Ein Baum mit Handwerkszeichen an einem Weiher.
Weiler.
Gründland.
WeitLand.
Eigentlich: SchönLand.
Wander-Einlad-Land.
Der Kirchberg von Döbra taucht auf. Weidenröschen flammen mit ihrem Violettrot an den Säumen der Straßen.
Über Schwarzenbach am Wald lächelt der Zwiebelturm der eingeschieferten Kirche.
Walddichtes Land.
Walddickes Land.
Waldumarmtes Land.
Augenerfrischendes Land.

Und in Geroldsgrün plötzlich ein Farbstoß, ein Farbakkord, ein grelles Farbenquintett: das Fabrikensemble von Faber-Castell ist leuchtbunt, die Hausteile, die Hausblöcke sind farbklar gestrichen – mal intensivrot, mal knallblau, mal starkgelb, mal übertreibgrün und dann scharfviolett, und das in Geroldsgrün!

Gleich danach führt die Straße in Bergschlaufen hinauf, und immerzu ist der unverstellte Himmel groß und weit. Es ist hier einfach herrlich viel freie Luft zwischen den Siedlungen.

Auch in Steinbach bei Geroldsgrün ist wieder die Probe aufs Exempel zu machen: Die Menschen verstehen das hier, ihre Häuser individuell zu bauen; auch Holz ist häufig dabei.

Und dann wieder Landschaftsverwandlung: wenn es hineingeht nach Bad Steben – Parkgrün, Rasengrün, Bauzauber dazu und Zauberbauten: vom Klenzebau bis zum Kirchenpalast, und zwischendurch die Noblesse der Veranden aus Holz... Plötzlich mußte ich an den Holzstil im polnischen Zakopane denken: europäische Verwandtschaft.

Anrührendes Nordrandland: Wieder einmal erleben, wie Lichtenberg auftaucht aus dem WaldgrünMeer. Wie da ganz in der Nähe die Kerbe des Höllentals eine Ahnung gibt vom Ureinst der Wildbäche...

War das nicht toll, wenn jetzt eine Dampflok mit einem Züglein abführe in Blechschmidtenhammer extra für uns...

Und schon hatte sich der „Nur-manchmal-Da" vertan und war anstatt Richtung Naila weiter ostwärts gefahren – wieder dieses „plötzlich-da" von Kemlas oder Eisenbühl... Und dann jählings eine unerwartete Mauer – nein, nicht mehr Zonengrenze! Es ist die Schallschutzmauer, die da die Autobahn säumt, kurz vor der Raststätte Frankenwald. Das rauscht und saust und summt hier vorbei, südwärts, nordwärts; es ist wie ein VerkehrsTobel auf breitem Kanal – und nur wenige Meter seitwärts: wieder das LandStille, die LandStille.

Wahrlich: Tiefes Grün rund um Tiefengrün; und jetzt mußt du einfach lachen, daß in diesem StillLand das „StillLeben" eines Ortes auftaucht, der Schnarchenreuth heißt... Doch es schnarcht nichts; Menschen sind unterwegs, arbeiten, besorgen etwas – es ist einfach um einige Grade weniger aufgeregt, das Land hier; und die Straßen verschmalen sich. „Nimm´s Gas weg!" So begann früher eine Sendung für Autoradiohörer. „Nimm´s Gas weg!" Das sagt jetzt eine Eschenallee, die das Sträßlein nach Gottsmannsgrün säumt. Dort erkennst du sogleich an den Gebäuden die Brauerei – auch hier oben ist ja noch echtes oberfränkisches Brauland, Bierkulturland; und du denkst jetzt an eine späte Einsicht eines Braumannes, der gestand, daß zwar die Brauereifusionen allerlei an mehr Marktanteilen brächten, daß aber die Verbraucher an ihren vertrauten Biernamen hängen: denn auch Bier brauche Heimat! Nicht jeder Biertrinker ist markentreu; nicht jeder Bierliebhaber setzt auf exotische Markennamen – aber mancher Freund des Hopfen-und-Malz-Gerstensaftes will eben noch wissen, wo seine Halbe herkommt, so daß nicht wenige eben anhänglich an ihrem „Gottmannsgrüner Bier" hängen.

Entsann sich mein Ohr nicht jener Radioreklame von ureinst: da drohte eine geradezu alttestamentarische Stimme – du sollst keine fremden Götter haben! Du sollst nur Bier aus Gottsmannsgrün trinken...

Mich bezauberten jetzt die Grautöne von Scheunen in Lamitz. Sanft der Flußbogen der Sächsischen Saale – gleich kommt das Jean-Paul-Örtlein Joditz... Ach, wie ich mich doch immer wieder nach dem Jodsalz der Lektüre von Jean Paul sehne... So klein dieses Joditz – und dann dieses Edelstein-Finden im Bergwerk der Sprache... Daß dieser Dichter Jean Paul neben dem Alltag einfach auch die „Festtage der Seele" kannte und jedem Leser wünschte, daß zwischendurch eben die „Blumenzwiebeln der Freude" aufgehen sollten... Er wußte wohl, wovon er da schrieb: Jean Paul kannte die „Winterkerker" im Fichtelgebirge, im Hofer Land. Und wenn er von einer „lustigen Liebe" schrieb, dann meinte er das wohl im ursprünglichsten Sinne: sie soll der gegenseitigen Lust dienen – dann wird sie sogar ein „lustiger Gottesdienst".

Just aber an diesem Tag im NordrandLand war – in dem Wirtshaus mit der „Jean-Paul-Stube" Ruhetag; und für das Jean-Paul-Museum hätte ich zuvor anrufen sollen... Doch immerhin rief mir ein Schaukasten ins Gedächtnis die guten Taten eines jungen Verlegerpaares, die auf neue Weise manchen schönen und fast vergessenen Text von Jean-Paul wieder zugänglich machen...

Und dann dieses „klaane Kerchla" von Joditz... Und schon war ich nicht an der Isar, sondern in Isaar, wo ich nicht an die Saar dachte, sondern an ein feines Mappenwerk mit Zeichnungen von Karl Bedal: „Dorfkirchen um Hof".

Das, so scheint mir, ist der eigentliche Sinn von solchen Landerkundungen: Nicht die nackten Fakten sind es, die sich einprägen, sondern die Begegnungen, in denen etwas Charakteristisches eines Landkreises sichtbar wird.

Hier also: diese Dorfkirchen...
Issigau, Döhlau, Marlesreuth, Köditz, Regnitzlosau und Isaar... Das spitzdachige Türmlein auf dem Dach von Döhlau – und der schlichte Treppenaufgang dazu.

Das mehrgeschossige und jeweils andersförmige Türmlein, samt Zwiebelgeschoß und Laterne obenauf: in Marlesreuth, und darin der reichgeschmückte Altarraum.

Das Aufgangshäuslein zu dem kleinen Kirchenschifflein von Köditz. Diese Innigkeit als Form für eine gemeinsame Schiffsfahrt während des gemeinsamen Gebets, während des Gottesdienstes... Die Menschen wußten das damals noch: auch wenn jeder sein eigenes Verhältnis zum „Lieben Gott" hat: Glauben, richtig glauben kann man nicht auf eigene Faust – man braucht dazu eine Gemeinschaft.

Regnitzlosau mit seinem inwändigen Bilderfeuerwerk... Dann das fast Schloßartige von Issigau... Und schließlich Isaar: Zwei hohe Fenster an der Seitenwand – Licht genug! Der Lattenzaun, der den Weg zu diesem Kirchlein begleitet: Karl Bedal hat nicht nur abgebildet, er hat als tieferen Kern einer jeden Kirche gesehen, daß es ein Kraftwerk ist: wenn es ruft, wenn es sich füllt, wenn es von Gesang und Gebet erfüllt wird.

Einfach und schön zugleich sind diese Dorfkirchen aus dem Hofer Land; sie machen auch heute anschaulich, daß eine Überzeugung so überzeugend gebaut werden kann, so daß sie nicht immer wieder umgemodelt zu werden braucht, sondern gültig bleibt.

Vielfältige Landschaftsformen prägen das Bild des Landkreises.

Von der Höhe bei Isaar im Vogtland reicht der Blick nach Westen bis zu den Höhen des dort beginnenden Frankenwaldes bei Berg.

Bild rechts: Vom Aussichtsturm der Frankenwarte bei Hirschberglein tun sich Weitsichten nach Osten auf.

Die Weite und die sanften Verläufe des Vogtlandes werden von der Anhöhe bei Zedtwitz sichtbar. Vergleiche mit Toskanischem sind erlaubt.

SCHÖNE ERDE, LASS MICH NICHT!
Steine, Blumen, Vögel

Unter den neueren deutschen Dichtern schätze ich besonders Wilhelm Lehmann (1882-1968). Die meiste Zeit seines Lebens hat er in Schleswig-Holstein zugebracht, und in seinen bezaubernden Gedichten wird auf geheimnisvolle Weise das „Hiesige zur Heimat". Er beschwört einmal nur Maulwurfshügel – mit diesem zweizeiligen Bild beginnend:

„Pappelblüten, raupenschlank,
Fallen auf die Gartenbank."

Lerchen beleben die Verse ebenso wie „Milchstern, Miere" und „Mondlichtquellen"; als mythische Gestalt kommt „Undine" hinzu, und Wilhelm Lehmann endet sein Zaubergedicht beinahe mit einer Gebetszeile: „Schöne Erde, laß mich nicht!"

Daß die Erde, die sichtbare, im Hofer Land vielfältig schön ist, wird niemand bestreiten. Doch eben auch in ihrer verborgenen Tiefe birgt sie manche schöne Überraschung.

Der Genauigkeit halber rufe ich noch einmal die „naturräumliche Gliederung" des Hofer Landes ins Gedächtnis – und da kommt zum Dreiklang aus Frankenwald, Münchberger Hochfläche und Fichtelgebirge am Nordrand noch dieser kleine DreierAkkord hinzu: „Unteres Vogtland", „Mittelvogtländisches Kuppenland" und das „Elstergebirgs-Vorland".

Und so wundersam vielgesichtig wie die Köpfe der hier Lebenden sind, so reichhaltig treten die Gesteins- und Mineralschätze dieses weiträumigen Landes in Erscheinung. Es ist in der Tat verblüffend, wie hier extrem kleinräumige Gesteinswechsel stattfinden. Das Hofer Land ist eine Steinschatzkammer. In diesem „Kühl-Rauh-Land" funkelt es nur so: tief drin in der Erde, der steinigen.

Wer sich bloß einmal die Micromounts aus der Dorschenmühle bei Lichtenberg vornimmt, der staunt über einen oktaedrischen Arsenkies, über kugelig ausgebildeten Pyrit und graugrünen Diopsid; Eisenrosen kommen hinzu und Wismutglanz samt Metallglanz.

Und dann die Gneise der Münchberger Masse... Da glänzen goldgelbe Fäden von Millerit und, ebenso aus der Gegend um Wurlitz, ein Magnetit. Ich bin freilich kein Geologe, ich kann derlei Schätze gar nicht unterscheiden – mich betören ganz einfach diese schönen Steinerscheinungsformen:

Ein Desmin aus Kleinlosnitz
Ein Wavellit aus Suttenbach
PyritWürfel aus der Adlerhütte bei Wirsberg

Es ist, als habe die Erde in unvorstellbar fernen Zeiten Mineral- und Kristallspiele gespielt und Formen und Farben aus purer Freude erfunden. Wenn ich mir nur die Strahlkraft vergegenwärtige, die Turmalingarben haben – mit ihrem TurmalinZauberSchwarz...

Dazu so eine Seltenheit wie ein rötlicher Hessonit, bei Wurlitz gefunden, oder ein in Deutschland einmalig vorkommendes Gestein: der Vesuvianfels – in der Nähe von Schwingen, nordöstlich von Schwarzenbach an der Saale...

Wer sich in diesem schier unendlichen Stein-Labyrinth zurechtfinden will, dem kann ich als Führer nur Friedrich Müllers Buch empfehlen: „Bayerns steinreiche Ecke".

Zugleich sehe ich jetzt das Foto eines Steinhauers vor mir, der einst für einen Hungerlohn Pflastersteine zurechthaute... Heute kommt derlei, unübertrefflich billig, aus China.

Und es ist wahrlich ein Jammer, wenn man sich vorstellt, was heutzutage aus diesem oberfränkischen Steinreichtum eben nicht mehr abgebaut wird, weil´s unbezahlbar und unverkäuflich geworden ist. Manchmal ist mir, als riefen all diese Steinkostbarkeiten: „Leute, seht die schönen Steine – laßt uns nicht!" Müßten hierzulande nicht alle Neubauten mit heimischen Steinschätzen ausgefließt werden?

Einen ersten Einblick in die Farbwohltaten der Steine gewann ich in Wunsiedel, wo mich der Bildhauer Willi Seiler in die Steinsammlung der Steinmetzschule führte. Und über diesen unterirdischen Farbreigen, auf scheinbar kargem Erdgrund: da gedeiht eine Fülle von Wildpflanzen. Erich Walter hat sie im Frankenwald und im Fichtelgebirge beobachtet und aufgespürt; auch das eine blühende Schätzewelt:

Fingerhut und Waldschachtelhalm
Weidenröschen und Buchenfarn
Mädesüß und Rote Pestwurz
Feldstiefmütterchen und Schwimmender Hahnenfuß, dazu Stumpfblättriges Laichkraut – beide auf der Münchberger Hochfläche...

Was für einen Kennerblick braucht´s dazu – und dann die jeweilige Gestalt einer Pflanze nicht blitzlichtschnell, sondern andächtig eigenhändig zeichenend erfassen...

Dieses Kühl-Rauh-Land ist zugleich auch ein Blumen-Reich-Land. Die „Flora des bayerischen Vogtlandes", von Thomas Blachnik-Göller (Hof/ 1994) bestätigt das.

Ach, du „Gern-Oft-Hier" – du kommst zu keinem Ende! Wieviel Wandertage brauchtest du allein für die Bäche und Flüßlein des Hofer Landes... Wenn du bloß einmal den Regnitzgrund bei Zech gründlich durchstreifen wolltest...

Was für ein AugenJagdVergnügen machte es, für längere Zeit an einer Eisvogelbrutwand bei Rohleder zu sitzen, um diesem Farbkobold unter unseren heimischen Vögeln beim SturzTauchFlug zuzusehen – wie er mit einem silbernen Fischlein im Schnabel auftaucht...

Wieviel AugenJagdzeit mag der Walters Erich drangegeben haben, um bestätigen zu können: Hier lebt noch der Rauhfußkauz... Auf einer Fichtenspitze einmal dem Sperlingskauz begegnen...

Im Hofer Land die Bekassine beobachten
Das Braunkehlchen aufspüren
Dem Gelbspötter lauschen
Den Neuntöter mit seinem dunklen Augenstrich auf einem Pfahl auf Beute lauern sehen
Der Turteltaube Getön am Waldrand vernehmen
Schleiereule oder Trauerschnäpper einmal im Flug bestaunen
Und dann gelingt einem Vogelfreund endlich wieder einmal der Brutnachweis des hier so überaus seltenen Schwarzstorchs...
Sogar der Fischadler wurde hier schon gesehen – und erst das GefiederFarbFeuerwerk der DurchZüglerWasservögel auf dem Förmitzspeicher...

Wieder einmal stimmt der „Gern-Oft-Hier" in Wilhelm Lehmanns Lobliedbitte ein: „Schöne Erde, laß mich nicht!"

HÜBSCHE HÖLLE
Zwischen Hirschsprung und König David

Eigentlich eine traurige Geschichte, eine ganz traurige und fing doch gar nicht übel an.

Mein einstiger Lektor von der „OVA“ in Hof, Helmut Süßmann, hatte mich mitgenommen; wir fuhren von Naila aus nordwärts, und es wurde immer schöner, an der Selbitz entlangfahrend, und immer enger wurde das Tal; den Riesenhirsch sahen wir auf einem Felsen, und ich hab´s nicht geglaubt, daß da ein Örtlein wirklich Hölle heiße; hab´ dann gelacht, als ich diese leibhaftige Hölle sah, die doch eigentlich in einem Paradies lag... Es war der Inbegriff von Romantik, was mir da mein oberfränkischer Freund zeigte – und dann tat´s einen Augenschlag: als wir aus dem Wald, am Nordrand, herauskamen, und den TrennZaun, den GiftZaun, den LandKäfigZaun sahen – und dahinter lag, wie in Feindesland, Blankenstein und dann Blankenberg in Thüringen. Ich mußte mit einem Mal an die grausam spannende Grenzland-Atmosphäre denken: in Julien Gracq's Roman „Das Ufer der Syrten“.... Dieses feindliche Gegenüber: „sie verharrten in einem reizbaren und hochmütigen Trotz...“ Wiewohl wir auf der freieren Seite waren: eine traurige Geschichte.

Und später las ich von dieser wahrlich romantisch angelegten Strecke der Höllentalbahn, die im Jahr 1900 begonnen wurde – mit 250 Arbeitern, von denen 117 Ausländer waren, vorwiegend Italiener und Österreicher; die sprengten Tunnel, bauten Brücken – und im Juli 1945 war´s schon aus mit dem Personenzugverkehr; ein paar Güterzüglein schnauften noch durchs Höllental, und dann war auch das vorbei: im Jahr 1971; zehn Jahre später waren die Gleise abgebaut... Schade, jammerschade!

Wenn jetzt ein findiger Investor käme und ließ auf dem einstigen Bahndamm wieder Gleise verlegen... Das wär´ doch eine Attraktion...

Jetzt polterten, wie FelssturzSteine, Namen herab ins Tal; es waren die Namen der Gruben und Stollen in dieser engen Klamm, in diesem Schluchttal:

Blauer Löwe
RebeccaStollen
Haus Brandenburg
Roter Löwe
Weißer Hirsch
Roter Hirsch
Gelber Löw
Fortunatus

Längst fort ist die Fortuna für den höllischen Bergbau... Und haben da einst gegraben nach Kupfer und Eisen...
Ach, „Abendstern“!
Ach, „König David“! Keine Harfe mehr!
Aus und vorbei mit dem Kupferschmelzhüttenwerk!
Und eines Tages schenkte mir mein Bayreuther Baumfreund, der in Hof gebürtige Walter´s Erich, so ein magisches Erinnerungsstück: eine Schlacke, ein glatter Schlackenstein – sacht kupfervitriolblau – er hat´s im Höllental gefunden, für mich.
Und mit einem Mal wird die traurige Geschichte vom „Aus-und-vorbei“ wieder heller: denn dieses Höllental, längst bergbaulos und industriefrei, ist jetzt nichts anderes mehr als ein Wildbachtal, ein Stück Natur, das in seinem „so-belassen“ nun aufblüht und Blumen herbeizaubert: vom Seidelbast zum Salomonssiegel, vom Waldmeister zum Maiglöckchen, von der pfirsichblättrigen Glockenblume bis zum Fingerhut; und dazu die Bäume. Die Hölle ist hier, streckenweise, tatsächlich ein Pflanzenparadies. Was für eine schöne Geschichte, jetzt – und die ostdeutsche Saale ist auch schon lang kein Grenzfluß mehr...

Just in diesem Augenblick vernehme ich eine Gegenstimme, und diese Stimme erinnert an einen so schmerz-bitter-wahren Satz aus den Tagebüchern von Ernst Jünger, der in seinem Tagebuch „Siebzig verweht“ am 29. Juni 1984 notierte: „Die Opposition von heute kann höchstens bremsen, etwa durch Gesetze, doch bleibt sie gegen die Technik machtlos“.

Ja! So ist es. Die Anhänger der Technik sitzen am längeren Hebel und beschleunigen unaufhörlich das Tempo – aber... Aber: auch dieses „Bremsen“ ist möglich, und so ist das Höllental eine wundersamschöne Bremsstrecke, auf der das „So-belassen“ von einem Wildbachtal im Hofer Land gehalten wird.

Und jetzt erhebt sich eine dritte Stimme, und die flüstert, beinahe zärtlich: „Ach, zur Hölle mit all diesem höllischen Gejammer über Fluch und Segen der Veränderung! Mach doch aus dem Jetzt das Beste! Erinnerst du dich denn nicht daran, daß es unter dem Stichwort Hölle auch noch die Dichterin aus der Oberpfalz gibt: Margret Hölle, 1927 in Neumarkt geboren...“ Und schon hör´ ich den Wohlklang, den deftigen, aus dem nahen Oberpfälzischen: „0 Leem“:

Leem
gwaldichs Gebirch
Angstschroa vun Afang her

Leem
dunkls Frouchezeichn
zaachs Wort

Leem
eibrennda Zweifö
unbarmherziche Schuild

Leem
gwaldicha Juwlschroa
Sternhümmö-Wunda vun Afang her

Leem
öiwich kreisads Karussö
biddasöisse Zouvasicht

0 Leem
Angst- und Juwlschroa
fir jen unta da Sunn
min Vastand niad zan deidn

Das Höllental zählt zu den schönsten Tälern Deutschlands. Bis zu einer Tiefe von 170 Metern hat sich in Jahrmillionen die Selbitz in das Diabasgestein gefräst.

Einer der vielen Wanderwege führt auf dem Teufelssteg sicher über das Tal, das unter Naturschutz steht.

Neben den Naturschönheiten sind es aber auch Bauwerke, die das Bild des Höllentals prägen und sich harmonisch in die Landschaft einfügen.

Bild oben:
Der Aussichtspunkt „König David“ liegt 170 Meter über dem Flußbett der Selbitz.

Bilder Mitte v. links:
Auf einer 262 Meter tiefen Mineralwasserquelle steht das Brunnenhaus in Hölle.
Höllentalkraftwerk mit Fontaine erbaut im Schweizer Stil.
Der Jungfernsteg, eine überdachte Holzbrücke unterhalb des Kraftwerks.

Bild unten:
Eisenbahnbrücke der einstigen Höllentalbahn.

Die wildromantische Schlucht der unteren Selbitz bietet auf nahezu vier Kilometern zwischen Hölle und Blechschmidtenhammer ein einmaliges Naturerlebnis aus Wasser, Fels und Pflanzenwelt. Durch den Kalkgehalt des Diabasgesteins hat sich im Flußbett, im Auwald und an den Hangwäldern, in Felsspalten und auf Trockenhalden eine einzigartige Fauna gebildet. Großer Fingerhut, Eidechse und Pfingstnelke beweisen beispielhaft, wie intakt dieses Naturreservat ist.

Das Wahrzeichen des Höllentals ist der Hirschsprung, der Sage nach ein von Jagdhunden gehetzter Hirsch, der den Sprung in die Tiefe wagte.

Die Saale ist der größte Fluß im Landkreis. Sie entspringt bei Zell am Fuße des Waldsteins in einem alten Bergwerksstollen auf 707 Höhenmetern. Die Quelle ziert eine Tafel mit der Inschrift „Quelle der Saale, gefaßt von den Städten Münchberg, Schwarzenbach, Hof, Weißenfels, Halle, 1869."
Außerdem ist die Saalequelle auch Ausgangspunkt des 427 km langen „Saale-Radwanderweges".

Vom Petersgrad bei Joditz zeigt sich das Saaletal in malerischer Romantik.

Zugefrorener Förmitzspeicher in kalten Wintermonaten.

Der Auensee in Joditz ist ein wunderbares Freizeitgebiet an der Saale. Dem Badesee angegliedert ist ein großer Campingplatz mit Liege- und Spielwiesen.

Der 1977 fertiggestellte Förmitzspeicher bei Schwarzenbach an der Saale wurde für die Niedrigwasseraufbesserung der Saale gebaut. Die 110 ha große Talsperre hat ein Stauvolumen von 8,5 Millionen Kubikmeter Wasser und ist vor allem in den Sommermonaten für Wassersportler ein beliebtes Ziel.

Flur bei Ahornberg im Frühjahr. Am Horizont der Nordrand des Fichtelgebirges.

Am Hohen Stein in Lipperts bei Leupoldsgrün. Von der 646 Meter hoch gelegenen Felskuppe bieten sich herrliche Fernsichten in alle Himmelsrichtungen, wie hier bis in den Thüringer Wald.

*Typisch Frankenwald:
Ein Sommermorgen am
Spitzberg bei Bobengrün*

*Blühende Wiesen- und
Heckenlandschaft bei
Lippertsgrün.*

Landschaftsschutzgebiet
Wildschutzgebiet

Natur pur – der Landkreis Hof hat eine überaus intakte Umwelt. Viele Naturschutzgebiete und Biotope wurden angelegt. Blühender Siebenstern, Flußperlmuscheln, saubere Bäche. Tiere und Menschen fühlen sich wohl.

Am Waldstein steht auch der Bärenfang, erstmals 1656 urkundlich erwähnt. Die Bären, die in der aus Granitsteinen errichteten Falle gefangen wurden, mußten seinerzeit lebendig beim Bayreuther Markgrafen abgegeben werden.

Der riesige Felsblock heißt Teufelstisch. Nach der Sage spielen hier die Teufel wilde Kartenspiele.

Vom Aussichtspunkt der Schüssel auf dem 877 Meter hohen Großen Waldstein im Fichtelgebirge reicht der Blick weit über das Münchberger Land bis in den Frankenwald. In alle Himmelsrichtungen sind von diesem höchsten Berg des Landkreises Fernsichten möglich.

BEIM WALDSTEINGEBIRGE
Luft- und Freudensprünge

Eines Tages stellte der „Gern-Oft-Hier" fest, daß er zwar schon mehrfach, wenn auch ohne Absicht, durch das Waldsteingebirge gefahren, aber eigentlich noch nie richtig darin gewesen war. Das ließe sich nachholen, und dabei wollte er, bei Gefrees die Autobahn verlassend, am Südgrenzzipfel ins Hofer Land: dort, wo die Landkreise von Bayreuth, Wunsiedel und Hof einander berühren – aber er fand die Straße nach Tannenreuth nicht.

Hinter der Landkreisgrenze war stattdessen Grossenau der erste Ort im Hofer Land. Wieder einmal das „nach-und-nach-anders": nicht schlagartig und dennoch andersartig weitet sich jetzt das Land.

Diese Sommerhaut der Wiesen... Dieses behagliche Nahbeieinander von Häusern und Gehöften... Und wie sich unter die Bausteine das Bauholz mischt... Es ist, für den „Nicht-Immer-Hier", wie ein Klang: unter das Steinharte mischt sich das Holzwarme – als ob die Scheunen wie Celli und Kontrabässe mitspielten, um dem Eisweißen künftiger Winter eine schwarzbraune Stirn zu bieten.

Ich fuhr ganz gemächlich Richtung Zell. Was für eine Freude, wenn sich vor dem Fichtengrün mit einem Mal das kuglige Rot der Dolden der Ebereschen zeigt. Soviel Fruchtrot kannte ich bislang nur aus dem Schwarzwald. Dieses orangerote Ebereschengeleit...

Plötzlich ein Schild: „Flugplatz". Nanu, dachte ich: Neben Hof-Pirk und Helmbrechts-Ottengrün gleich noch ein „Flugfeld" – ist dieses Hofer Land am Ende gar ein Eldorado für aeronautische Freuden?

Ich folgte dem Schild, sah eigentlich nur Wiesen, dann machte ich eine Landebahn aus, neben der ein rot-weiß-quadratisch getüpfelter Bus stand, und bei dem machte sich jemand an seinem Segelflugzeug zu schaffen.

Ich hielt nahe einer Terrasse mit Bierbänken; ich sah ein Häuslein, ich sah ein Hangarlein, ich sah schmucke Fliegerlein, auch ein Windsäcklein sah ich – und darüber wölbte sich der oberfränkische Riesenhimmel mit Wolkengeschwadern, und ringsum weitete sich das Land mit seiner hügelsanften Unendlichkeit; und weil mir zuvor nicht wenige Birken aufgefallen waren, dachte ich mit einem Male an die birkenhelle Weiträumigkeit Rußlands.

Ich ließ mich an einer Bierbank nieder, sah zwei Männer mit einem Sprechfunkgerät beschäftigt, hörte auch das Anlaßgeräusch einer einmotorigen Maschine – und war, in den Tagebüchern eines polnischen Schriftstellers lesend, tatsächlich in Gedanken in Rußland, wo es „das russische Volk selbst" war, das bislang am meisten „unter Rußland gelitten hat". Aber was hat denn jetzt Rußland mit dem Hofer Land zu tun?

Ich sah die Männer ganz versunken in ihre Flugbeobachtungen; wie die Maschine sich jetzt lässig entschieden in die Lüfte erhob – gegen den leichten Ostwind, und mir schien: sie sind so ganz bei der Sache, sie brauchen sich jetzt nicht den Kopf zu zerbrechen über das Projekt „Deutsche Einheit"; sie sind voller Freude ganz beim Fliegen, und ich konnte mir vorstellen, wie die Mitglieder der „Luftsportgruppe Münchberg" am Flugplatz „Zell-Haidberg" mit Leib und Seele bei der Sache sind. „Fliegerferien" und „Fliegerherz"... Eine „Remorqueur für F-Schlepps"... Dazu eine 280-PS-starke „Doppel-Trommelwinde" für Segelflugzeuge... und ganz in der Nähe ein Campingplatz...

Eine urgemütliche „Fliegerhütte" und daneben großzügige Hangars, in denen vier „Langohren" Platz haben...

In dieser Weite in die Luft gehen, ins Grenzenlose: ist das nicht auch ein „russisches" Bewußtsein? Sich eine Weile einfach nicht scheren um die Wirklichkeit ringsum? Das Bewußtsein, daß es für eine Weile keine Fesseln an den Alltag gibt... Sich loslösen... Mitten in Europa: einmal frei sein von dem Denken an belastende Geschichte...

Sich erheben... Und beim Herabschauen daran denken, daß kein Volk ein „Leidensmonopol" hat, daß keiner der Nachbarn die Rolle des „alleinigen Opfers" im Erbpacht hat...

Wenn da jetzt jemand an das Versagen von Menschen in der DDR denkt: welches Versagen wäre uns in der einstigen BRD vorzuhalten? Haben wir nicht 'alles' den gewählten Politikern überlassen? Haben nicht auch wir, im Westen, uns geduckt und geschluckt, was uns die Mächtigen diktierten?

Ich freute mich jetzt einfach mit: an diesem Flugvergnügen – sich von der 1000-meterlangen Startbahn erheben zu können und zu einem Rundflug zu starten. Ich dachte an die holprige Wiesenstartbahn am kaschubischen Ufer der seit 1945 zu Polen gehörenden Ostseelandschaft, von der sich ein russischer AN-Doppeldecker erhob: Fliegen als reines Vergnügen...

Es war „einfach schön", von hier aus ins Hofer Weitland zu schauen, zumal da nichts „hochgestylt" oder auf Luxus „getrimmt" anmutete. Natürlich vernahm ich dabei auch etwas von den Sorgen der Flieger, von der Engherzigkeit, der typisch deutschen, wenn es um Vorschriften geht; ich vernahm auch Klagen über manche tschechische Sorglosigkeit, wenn dort niemand mit der Waage nachmißt, ob auch das zulässige Gesamtgewicht von so einem Motorvogel nicht überschritten wird...

Indes: da war es zu spüren, wenn jemand mit so einer einmotorigen Maschine Luftsprünge, und also auch Freudensprünge macht – Alltags-Ausstiegs-Flug-Kunst: auch das hat dieses Land hier zu bieten.

Dann fuhr ich weiter. Ich sah die offene Form des hier so häufigen Straßen-Markt-Platzes – in Zell. Ich genoß das Birken-Ebereschen-Wiesen-Geleit längs der Straße, und in Reinersreuth bog ich ab zum Waldstein. Die Straße steigt an. Der Wald wird immer tiefer. Ins Fichtendunkel mischt sich auch anderes Grün. Aus dem Waldboden ragen Steinbrocken heraus. Und was ich bislang immer nur von der Luisenburg kannte, das türmte sich jetzt auch am Waldstein auf: diese Türme aus rundgeschliffenen Felsblöcken, diese Scheibengiganten aus bemoostem Granit, diese abgerundete Steinwucht – kein Felsgezack der Alpen, keine SchroffsteinHärte, sondern geballte, in sich ruhende abgerundete Steinruhe.

War da ur-ur-einst Witterungsschliff
War da ur-ur-einst Wind-und-Wetter-Gezause
War da ur-ur-einst Unvorstellbares
Ich ging. Ich stieg. Ich staunte. Ich schnaufte. Ich schwitzte.
Ich treppte. Ich schaute.

Heißt so ein Felsgebilde „TeufelsTisch" – toller und zutreffender Name. Dann Mauerreste auf Felstellern: „Rotes Schloß".

Rundblick und Weitblick ins Münchberger Land.

War einer der dichtbevölkerten Landkreise da oben im Norden. Hatte immer seine liebe Not, denn nie krisenfest war die Hausweberei – und hat sich dennoch gehalten.

Landkreis, Landkreislein; im Süden abgezwackt. Kam anno 1792 zu Preußen, wurde von Franzosen verwaltet zwischen 1806 und 1810 – aber niemand denkt da oben an diese seltsame Verbindung mit Frankreich...

Stieg wieder hinab, ließ mich verlocken vom Geklüfte, von den Quaderbuckeln. Sah eingemeißelt in so einen Felsbrocken ein Kreuz und darunter zwei sich überschneidende Kreise: „Kirche und Volk" stand darunter – wie bitterschön, heute, im Jahr 2003, zu lesen: „Kirche und Volk"... Was für eine Einheit – gelebt und getragen – und blutet längst aus in den großen Städten Deutschlands...

Ging weiter. Treppenstufe um Treppenstufe. Wie da die Buchen hochgewachsen sind und ihre Astruten vollbehängt waren mit den Stachelmäntelchen für ihre Bucheckern.

Stapfte hinauf, ganz allein, zu diesem Fels-Kronen-RundHäuslein auf der „Schüssel": War jetzt in einer Höhe von 877 m ü.N.

So hoch
So weit der Blick
Auf einer Kreisscheibe die nächsten Orte und Erhebungen verzeichnet.
Diese Granitbatzen
Hob ein sauschweres Trumm hoch
Stemmte einen gelblich groben Granit – der machte sich doch gut als Steinstück in unserer Krippe...
Dieser Granitkamm
Diese SüdWaldBergFlanke des Hofer Landes
Dieses Schauspiel von Steinmacht und Waldmacht
Ach, wenn ich doch jetzt eine der „Wald-Erzählungen" von Adalbert Stifter zur Hand gehabt hätte...

Wäre das nicht ein idealer Platz, um einmal mit einer Schulklasse hier so lange in Zelten oder Waldhütten zu nächtigen, bis man sie in einem Zuge gelesen und die Kraft der deutschen Sprache begriffen hätte: dieses ZartDeutsch auf deutschböhmischem Steingrund.

„Der Waldgänger"
„Die Waldbrunnen"
„Der Waldsteig"
„Der beschriebene Tännling"
„Die Narrenburg"
„Der Hochwald"

Steine – und Bücher als Schätze. Adalbert Stifter schrieb in einem Brief (1867): „Alte Freunde sind wie alter Wein, er wird immer besser, und je älter man wird, desto mehr lernt man dieses unendliche Gut schätzen."

An dem Gasthaus bei den Felsen laden Wegweiser zu Wanderungen ein: Du könntest zur Saalequelle... Du könntest, gut ausgerüstet, rund 24 km am Stück durch dieses Wald-Stein-Gebirge, durch reinen Stein-Wald wandern... Aus dem Waldgrund schauen nackte Steingründe hervor.

Jetzt wieder hinaus aus dem Waldreich: wie Einöden, ohne jemals öd zu wirken, sind die Orte in die Münchberger Hochfläche eingewoben.

Fein liegen sie da, feingeschnitten und kein Ort wirkt exaltiert, eher haben sie etwas vom Geruhsamen von Herden – wie Sparneck, Weißdorf oder Benk, beispielsweise. Daß es diese feine OrtsKleinheit überhaupt noch gibt...

Ich wollte jetzt zum WaldsteingebirgeSee, dem Förmitzspeicher. Er heißt nur Speicher – also eigentlich ein Dachboden fürs Wasser... Ein Wasserspeicher – so nüchtern benamt – so oberfränkisch-nüchtern, und liegt so anmutig, abgeschlossen von längst ins Land eingewachsener Staumauer am Nordufer...

Und so kam ich nach Hallerstein. Ein Dorf auf einem Buckel. Oberhalb des Förmitzspeichers. Ein Dorf. Nur ein Dorf?

Diese Anwesen inmitten der Sommerpracht ihrer Gärten, den Straßen zugewandt. Lauter Einzelhäuser – ein harmonisches Dorfganzes bildend.

Mit einem Mal dachte ich: was hätte man andernorts, in vergleichbarer Lage, aus so einem Flecken gemacht... Hier aber: alles so normal, so unübertrieben... Ein Ort, ganz bei sich selber. So nah am Förmitzspeicher – und keine Spur von „Touristen-Anlock-Spektakel".

Um es ganz deftig zu sagen: eine bezaubernde Landschaft – und nirgendwo „versaut". Nein, ich vergleiche jetzt nicht mit Neusiedlersee oder Plattensee – ich freute mich ganz einfach über dieses „So-wie-es-ist". Und als ich dann am Förmitzspeicher schon vorbei war, prägte sich mir als ein Charakterzug dieser Landschaft dies ein: das häufige Mitsammen von Stein und Holz, dieses schöne Duett von Steingrund und Holzobergeschoß bei manchem Gebäude. Dieses Duo, dieser Zweiklang von gemauertem Erdgeschoß und Holz darüber. HausEigensinn und OrtsGemeinsinn in Symbiose mit weiträumigem Land; und es ist schon erstaunlich, wie auch bei Neubauten gewisse Obergrenzen gewahrt werden, auf daß die Gesichtszüge der Landschaft nicht verschandelt werden. Den Strang der Autobahn bei Münchberg steckt sie mühelos weg, und überhaupt scheinen hier alle Verkehrswege ins Ganze eingebunden.

Auf dem Weiterweg westwärts, vorbei an der Wasserscheide von Elbe und Rhein, allmählicher Übergang in den anderen Landschaftsklang des Frankenwaldes, der hier, beim Stammbacher Gneis, als Untergrund den farbfreudigen „Eklogit" hat: kurz nach der Landesgrenze hinter Stammbach, wenn es nach Marienweiher geht, da merkst du, wie dann auch in Kupferberg: jetzt wird das Land wieder katholisch – Marterln, Hausmadonnen und Brückenheilige segnen auf ihre Weise das Land.

Blick von Schlegel bei Köditz nach Südosten zum Fichtelgebirge.

Zwischen Reitzenstein und Griesbach mit herrlichem Blick in den Frankenwald.

Die Weite des Vogtlandes mit ihren großen landwirtschaftlichen Flächen beeindruckt besonders bei Kirchgattendorf. Wie ein Leuchtturm ist der Kirchturm des goldprämierten Dorfes von vielen Standpunkten sichtbar.

Sanfte Hügellandschaft,
Ruhe, Weite und die Begegnung mit Tieren – ein Erlebnis zwischen Isaar und der Fattigsmühle.

Zweifellos gibt es einige Orte, die besonders faszinieren, vor allem wenn sie mit Geschichten und Sagen behaftet sind.

Bei den Granittürmen am Waldstein im Fichtelgebirge – Bild links – soll sich ein steinzeitlicher Rastplatz befunden haben.

Die 12 Apostel bei Langenbach im Frankenwald – Bild rechts – geben Rätsel auf. Ihre Entstehung bleibt wohl ein Geheimnis. Einige Thesen bezeichnen den Ort als keltische Kultstätte – als „Stonehenge" des Frankenwaldes.

Die Winter hier haben Charakter. Für einige Wochen verwandelt sich das Land in eine prächtige Schneelandschaft, die es zu genießen gilt.

Bild links:
Vom Fichtelgebirge zum Frankenwald reicht der Blick, wo der 794 Meter hohe Döbraberg aus dem Wolkenmeer auftaucht.

Bild rechts:
Blick auf Silberstein bei Geroldsgrün im Frankenwald.

BURGEN & SCHLÖSSER

Im Landkreis Hof haben sich Schätze historischer Bausubstanz erhalten. Die Burgen und Schlösser im nördlichen bayerischen Landkreis können sich sehen lassen. Sorgfältig und sensibel renoviert zeugen sie von einer nahezu 1000jährigen, interessanten Geschichte. Nicht als Pracht- oder Prunkbauten wurden sie errichtet, meistens waren es Wehranlagen und Landsitze der Adelsgeschlechter.

Torbogen am Schloß Schauenstein

Das Schloß in Weißdorf entstand aus einer ehemaligen Wasserburg. Noch heute ist die Anlage von einem Ringgraben umgeben.

Auf dem 577 Meter hohen Schloßberg in Lichtenberg steht der weithin sichtbare Schloßbergturm. 1936 wurde der 25 Meter hohe Bau auf den Mauerresten des ehemaligen Bergfrieds der Lichtenburg als Aussichtsturm errichtet.

Das Schloß in Oberkotzau wurde ab 1852 auf einer älteren Anlage errichtet. Der Walmdachbau mit seinem Turm beherbergt heute ein Wohnheim für psychisch Behinderte.

Die Entstehung von Schloß Schauenstein ist unbekannt. Vermutlich waren es Walpoten, die den ersten Bau errichteten. 1230 hat Otto von Schawinstein wohl den Namen gegeben. Im Schloß sind jetzt das Oberfränkische Feuerwehrmuseum und das Heimatmuseum Schauenstein untergebracht.

Die Burgruine Uprode bei Oppenroth (Bild oben) in der Nähe von Weißdorf stammt aus dem 14. Jahrhundert. Von den Sparneckern erbaut, ging sie 1373 an die Burggrafen von Nürnberg über.

Das Rote Schloß auf dem Waldstein (Bild rechts) wurde im 14. Jahrhundert von den Herren von Sparneck erbaut. Der Name stammt von seinem Ziegeldach. Bei Angriffen des Schwäbischen Bundes wurden im Jahr 1523 beide Anlagen zerstört.

Das Schloß in Gattendorf wurde in den Jahren 1702-1703 errichtet. Vom Quellitzbach umflossen ist das auf einem Hügel liegende Schloß weithin sichtbar.

In der Ortsmitte von Zedtwitz befindet sich die gleichnamige Schloßanlage. Gegenüber dem Schloß sind noch Reste der einstigen Wasserburg der Herren von Zedtwitz erhalten.

Das malerische Schloß Reitzenstein ist schon von weitem mit seinem hohen Schloßturm sichtbar. Die Anlage und der Gutsbetrieb ist Stammsitz der Freiherren von Reitzenstein.

An einem Hang über der Saale liegt Schloß Rudolphstein, das urkundlich erstmals 1456 genannt wird.

Das Schloß in Döhlau entstand 1702. Die Türme wurden erst später ab 1900 angebaut. Ein breiter Wassergraben ist teilweise erhalten.

Allee zum Schloß in Konradsreuth. Der Bau aus dem 16. Jahrhundert wurde 1768 und 1800 mit weiteren Anbauten versehen.

Woanders machen sie daraus
Ansichtskarten. Diese Portale
hätten das auch verdient.

Bilder von links:
Haustür in Stammbach
Granitportal in Lichtenberg
Balkon in Münchberg
Haustür in Rehau
Pfarrhaus in Schauenstein
Portal in Rehau
Gartentor in Feilitzsch

Viele Bürgerhäuser zeugen von Wohlstand und Geschmack ihrer Besitzer. Die abgebildeten Häuser in Helmbrechts und Rehau stehen stellvertretend für stilistische Vielfalt und zeugen von glanzvollem Bürgertum.

KUNST & KULTUR

Der Mensch lebt nicht nur vom Brot allein… getreu diesem Leitspruch begegnet einem Kunst und Kultur hier an vielen Orten im öffentlichen Raum. Die Qualität des Gebotenen hat höchstes Niveau. Kunst und Künstler von internationalem Rang setzen musische Akzente, liefern Beiträge, die Freude bereiten. Wenn auch manchmal etwas versteckt und nicht so spektakulär vermarktet als anderswo, sind Installationen und Veranstaltungen jedem zugänglich, können immer besucht werden.

Betonrelief an der Realschule Naila

Das Kunsthaus mit seinem Skulpturengarten in Rehau wurde von Professor Eugen Gomringer gegründet und wird von ihm geleitet.
Bedeutende Werke internationaler Künstler sind hier dauerhaft installiert.

Bild links:
Steinskulptur von Alfons Kunen und im Hintergrund Stelen von Ben Muthofer.
Bild rechts:
Holzkubus von Max Bill und Stahlskulptur von Heinz-Günter Prager.

Kunst vor und im Landratsamt Hof.
Bild oben und unten:
Die Mosaikarbeit im Eingangsbereich wurde von der Franz Mayer'schen Hofkunstanstalt, München, unter der künstlerischen Leitung von Kunstmaler Georg Schönberger aus Volkmannsdorf hergestellt.
Die Wandgestaltung im Foyer hat Horst Böhm aus Kronach geschaffen.

Großes Bild :
Der Eisen-Skulpturenpark des Eisenbildners Professor Claussen in Eisenbühl bei Berg.

Bild links oben:
Stahlstele im Vorhof des Gymnasiums Naila von Bernhard Hauser, Würzburg.
Bild links unten:
Granitbrunnen in Lippertsgrün geschaffen vom Nailaer Künstler Reinhard Munzert.
Bild Mitte:
Eisenskulptur von Johann Foschum am Nailaer Ärtztehaus.
Bilder rechts oben und unten:
Brunnen mit Bronzefiguren von Margarete Wiggen am Selbitzer Rathaus.
Mädchen mit Krug, Bronzeguß von Nida-Rümelin, an der Rauschenhammermühle.

*An der „Scherdelsruh“ in der Münchberger Innenstadt steht die kugelförmige Skulptur aus Flossensteingranit.
Das Kunstwerk wurde 1994 von Günther Mauermann geschaffen.*

Am Ortseingang in Naila grüßt „Assisis Engel“ von Bildhauer Martin Schambach. Die etwa drei Meter hohe Holzskulptur wurde 1998 vom „Forum Naila“ – einem Kulturverein – finanziert und aufgestellt. (linkes Bild)

Bild oben:
Aufführung des „Weihnachtsmusicals" von Bezirkskantor Michael Lippert in der Nailaer Stadtkirche.

Bilder Mitte:
Rockparty der „Silhouettes" mit Clubatmosphäre in Münchberg.

Volksmusikabend mit den „Langenbacher Volksmusikanten" im Bad Stebener Kurhaussaal.

Bild unten:
Musikalischer Frühschoppen mit den „Hofer Symphonikern" im Park des Gutshofes in Gottsmannsgrün.

Bild links:
Tennenfest im Wirtschaftshof des Oberfränkischen Bauernhofmuseums in Kleinlosnitz.

Bild unten:
Abschlußkonzert eines Meisterkurses in der musikpädagogischen Begegnungsstätte des Bezirks Oberfranken, dem „Haus Marteau“ in Lichtenberg.

KONTUREN-INTERMEZZO 1
Musikalisch

Zur geistigen Kontur des Hofer Landes gehört die Tatsache, daß die allermeisten prägenden Kirchengebäude zum Evangelisch-Lutherischen Bekenntnis zählen. Diese Mitgift wirkt sich auch auf die Kirchenmusik aus – und wer im geschwisterlich nahen „Evangelischen Gesangbuch" der „Evangelisch-reformierten Kirche" aufmerksam blättert, dem fällt eine ungewöhnliche Fülle auf: woher Text- und Lieddichter alle kamen – der Bogen reicht von Schlesien bis nach Böhmen, nach Ungarn, Frankreich und ins Fränkische – bis hin zu Max Reger aus Brand im Fichtelgebirge... Gemischte Schätze zuhauf...

Selbstverständlich strahlt auch das Hofer Theater mitsamt den „Hofer Symphonikern" weit hinein ins Hofer Land: Was für ein schöner Brückenschlag in die böhmisch-mährische Klangwelt, als dort die Oper „Das schlaue Füchslein" von Leos Janácek auf dem Programm stand... Maßstäbe setzen: auch das gehört ja zur geistigen Kontur eines Landes.

Mit Hochschulen war das Hofer Land nicht verwöhnt – doch da gibt es längst ausstrahlende Fachhochschulen; das Bemühen der Volkshochschulen – und das Musik-Haus „Villa Marteau".

Und dann sich eines abends ins Gasthaus von Isaar setzen und zuhören: Klarinette und Dudelsack, Trommel und Nachschlaggeige, Akkordeon und Saxophon und Baß dazu erklingen; Fagott und Schalmei fallen mit ein... Es spielt das Ensemble „Dreyschlag" – und, samt Gesang, kommt Heiterkeit auf, oberfränkische Heiterkeit: „Dudelsackpolka" oder ein „Vogtländischer Galopp".

Ach, und zwischendurch einfach herzhaft mitlachen – wenn „der Gerch" den „Schoufkuapf" preist:

„Wirt schenk nu ois aa.
S´wor scho dei zweiter Wenz, wasch da die Hand.

Du houst weitergem, ich mach´s mit da Grain.
Fehlfarb houta koi, soich aweng oi.

Spül die Zucht´l aas, hau an Blaua drauf,
etz senn se schneiderfrei, stich halt g´scheit ei.

... Dean dou koare niat, ho die Sau wegg´schmiert
haist ma die Eichl zeigt.
Simpl! – Aitz houst vageigt."

Am Tisch könnte mit ein betagter Mann sein: ein „Bauer aus Woja", den Vera Meinel-Burdejny mit dem Rötelstift gezeichnet hat – eine der Malerinnen, die zu den Ausstellenden in der renommierten Bayreuther B.A.T.-Galerie gehören; sie selbst stammt als Tochter eines ukrainischen Vaters aus Rehau, und ihre Sache ist das zeichnende Porträtieren.

Und im Nu habe ich vor Augen einen Bauerngarten, mit dem leuchtenden Holz einer Scheune, dazu das Winterfeste entlaubter Bäume über eisblauem Schnee: gemalt von Hansjürgen Lommer, der aus Naila stammt... Und dann Kiefern: Die Kiefern und die Kiefernwald-Arbeiten des 1959 geborenen Jörg Schemmann, der in Hof und Regensburg lebt. Diese gemalten Kiefern-Rhythmen in der Durchsichtigkeit ihrer Wälder – selten sah ich solch dichte Bilderhymnen, nur an einem Baum, dessen eigensinnige Gestalt im Wind so farbig klingt...

Ein andermal ein ganz anderer Klang – zum erster Mal vernahm ich ihn anläßlich eines großen Jubiläums der Oberfrankenstiftung in Bayreuth, und dann, noch überzeugender, bei einer Feier in dem „Bürgerschloß" vom Theresienstein in Hof: Es waren zwei junge Frauen; herrliche große Akkordeons hatten sie in ihren Armen – wie sie einander anschauten bei bestimmten Stellen... Und dann zogen sie alle Register ihrer italienischen Instrumente; es war einfach fabelhaft, wie die Geschwister Stefanie und Carolin Jeremias aus Tauperlitz ein Orchesterstück von Mozart mit ihren beiden Ziehharmonikas verwandelten, sich aneigneten und den klassischen Klängen einen ganz neuen Zuhörzauber gaben... Diese zwei Preisträgerinnen aus Tauperlitz...

Mit dem „Haus Marteau" in Lichtenberg besitzt der Bezirk Oberfranken ein Juwel. Der weltberühmte Violinenvirtuose Henry Marteau bewohnte von 1913 bis 1934 seine Villa. Im Stil der Zeit und im Geiste Marteaus geschaffen, sind diese Räume bis ins kleinste Detail erhalten geblieben. Heute betreibt der Bezirk mit der Hochschule für Musik München diese musikpädagogische Einrichtung mit Teilnehmern aus aller Welt. Die öffentlichen Abschlußkonzerte der Seminarteilnehmer sind nicht nur für Musikliebhaber ein Geheimtip.

FESTE & BRAUCHTUM

Das Bekenntnis und die Liebe zu der Heimat äußert sich vor allem in der Brauchtumspflege. Nicht die kopierten Fernsehshows – die geklonten Events sind es, die Originalität zeigen, sondern die Pflege von Traditionellem und Überliefertem. In vielen Orten werden in diesem Sinn Feste gefeiert – ganz so wie früher.

Wiesenfest in Lichtenberg

In vielen Orten, vor allem aber in den Dörfern haben sich uralte Bräuche erhalten. Mit Freude kann man auch sehen, dass vor allem Jugendliche wieder mehr die alten Brauchtumsformen pflegen. Die „Kärwa“ wird fast überall gefeiert – wobei das Ritual von Ort zu Ort sehr unterschiedlich zelebriert wird.

Bild oben:
„Kärwaumzug“ in Döbra.
Bild rechts:
Kärwaburschen in Langenbach.

Bild oben:
Wiesenfest in Stammbach.
Bilder Mitte von links:
Wiesenfest in Schwarzenbach am Wald.
Sautrogrennen am Dorfteich in Rodesgrün.
Bild unten:
Wiesenfest in Selbitz.

Die Sommersonnenwende wird in vielen Orten mit riesigen Feuern gefeiert.
Kunstvoll geflochten sind die Erntekronen der Landjugend am Erntedankfest.
Lustig und orginell geht's zu bei der Wurlitzer Kärwa.
Faschingsauftakt in Naila.

Museen

Das kann sich sehen lassen. Der Landkreis ist reich an Museen, die in ihrer unterschiedlichen Thematik und der ansprechenden Gestaltung niemals langweilen.

Oberfränkisches Bauernhofmuseum Kleinlosnitz

SCHATZTRUHEN

Wer eine Landkarte mit den Freizeitangeboten des Hofer Landes zur Hand nimmt, kann seinen Urlaub auf Jahre hinaus verplanen – wandernd, segelnd, schifahrend, schwimmend. Dennoch: wie ein „Freizeitpark“ mutet dieses Land nicht an. Beinah diskret versteckt wirkt ein Golfplatz – wenn man von Feilitzsch nach Hof fährt. Der eigentliche Reichtum dieses Landes, für mich, ist manchmal ostereier-listig versteckt: du mußt einfach selber suchen...

Es wäre bei einem Kurgang die Grafiksammlung in Bad Steben sehenswert: mit den eigenen Beständen der „Stiftung Schreiner“, immer wieder ergänzt durch Wechselausstellungen.

Von Helmbrechts aus wär´s ein Katzensprung, um sich das „Weberhaus“ in Marlesreuth anzusehen, das ureinst ein ganzes Weberdorf war...

Wer sich wieder einmal vor Augen führen will, mit welchem Aberwitz Deutschland geteilt war, der vermag sich im „Deutsch-Deutschen Museum“, also im Freien, umsehen: in Mödlareuth – ich rate, dabei den Text „Die Grenze“ von Horst Krüger zu lesen...

Wenn einen plötzlich die Lust überkommt, auf den Spuren von Alexander von Humboldt zu gehen: der könnte in Lichtenberg in das „Besucherbergwerk“ vom „Friedrich-Wilhelm-Stollen“ einfahren – und hernach zusätzlich etwas von den Welterkundungen des Bruders Wilhelm von Humboldt lesen...

In Naila wartet das „Städtische Heimatmuseum“, das an den einstigen Bergbau, an die Schuhmacherei, Handstickerei und Weißnäherei erinnert.

Wer seine Freude am leuchtenden Feuerwehrrot hat, der wird nebenbei das „Nordostoberfränkische Feuerwehrmuseum“ in Schauenstein aufsuchen – und dann staunen, was die Mineraliensammlung im „Heimatmuseum“ dieses Ortes alles zu bieten hat...

Bei soviel heimischen Schatztruhen reizen mich immer wieder die Verbindungsbögen, die noch weiter ausgreifen und etwas von europäischen Zusammenhängen eindringlich vermitteln: Ich denke an die „Schlesischen Heimatstuben“ im „Museum Rehau“; da taucht das wundersame „Bunzlauer Geschirr“ auf, Keramik dazu – und dann ist er wieder da, dieser Verlustschmerz, der mit zu unserer Geschichte gehört. Es ist ein zwiefacher Schmerz: einmal, weil eben Ober- und Niederschlesien nicht nur als deutsches Land verloren gegangen sind, sondern auch das Schlesische als eigenartige deutsche Umgangssprache aussterben wird – und zum anderen, weil in unseren Tagen so leichtfertig oft nur der Vertreibungsschmerz andernorts zur Kenntnis genommen wird: die „bosnische Schande“ Europas, dazu das Mörderische im Kosovo... Seltsam, daß vor lauter „Nur-deutsche-Schuld-Sehen“ das verlorene Schlesien fast ganz aus dem Bewußtsein verdrängt wird. Und im selben Haus, in Rehau, ist dann noch ein weiterer Raum für das „Schärfen des eigenen Geschichtsbewußtseins“: In den „Ascher Heimatstuben“ wird jener „Sudetendeutscher“ gedacht, die nach dem Zweiten Weltkrieg aus ihrer, ja aus ihrer Heimat vertrieben worden sind... Wie sich da die notwendigsten Habseligkeiten, die auf die Flucht mitgenommen werden konnten, mit einem Mal zu Goldstücken der Erinnerung verwandeln...

Gedächtnis und Erinnerung: Eine Schatztruhe sollte sie sein – ohne Vorwürfe, doch mit einem Bewußtsein für das Wertvolle, das den Alltag ausmacht und ihn über Wasser hält.

KLEINE KOSTBARKEIT KLEINLOSNITZ

Ein Hof
Ein Tisch
Ein Ofen
Ein Brunnen
Eine Sitzbank
Ein Hausbaum
Gerätschaften
Handwerkszeug
Ein Gehöft
Das Echte

Jedesmal ist's ein WehmutsStich: Das alles ist längst dahin und ausgestorben – dergleichen gibt´s nur noch im Bauernhofmuseum. Was willst du da eigentlich noch?

Und nach einer Weile höre ich die Dinge sprechen: „Übersetz´ doch! Übertrag´ doch! Verdolmetsch´ dir´s doch!“ Was? Das Echte... Es ist unverfälscht; es ist nicht einseitig, sondern stets vielseitig – und vielsaitig, wie ein Instrument.

Der einst so typische oberfränkische Vierseithof: nur zu halten in Museumsgestalt, also mit neuer Aufgabe... Und plötzlich beginnt das Gehöft, wie sein Plätscherbrunnen, wieder zu leben: Wenn die gute Stube als Wirtsstube genutzt wird... Kleinlosnitz ist kein Hof mehr, aber das Gehöft, das Anwesen zeigt´s, was zum Wesen eines Hauses auch gehört: Arbeit war nicht nur Plage, sondern auch Hinarbeiten auf die Stunden der Ruhe und gemeinsamen Beisammensitzens.

In Altzeiten kann keiner zurück – auch wenn er sich mit alten Trachten kostümiert; das Echte indes veraltet nicht – es wechselt nur immer wieder sein Gewand. Und wie man's auch wendet: Selbst das Einfache ist etwas Vielfältiges...

Hier bin ich nicht nur dem Museumsgründer, Karl Bedal, begegnet – hier sah ich auch seine Arbeit als Zeichner. Wie da einer mit dem Bleistift die Kontur eines Daches umreißt, die Schraffur einer Hauswand andeutet. Bäume hinzusetzend... In der Zeichnung, die wegläßt, ist allemal mehr Atmosphäre als in der Knipskopie. In der Zeichnung spürt man noch die allmähliche Eroberung eines Gegenstandes mit Augen und Händen und Fingern – am Ende muß mehr als nur Abbild da sein: Das Erlebnis eines Gegenstandes, der zum Merkbild wurde. Zeichnen ist auch Erinnern und Erzählen – und am liebsten erzählt man doch vom Geglückten; also auch von den Würfen der Bauernhäuser in ganz Europa... „Haus und Hof“ – das gehörte hier einmal zusammen – wie Mann und Frau; und so hat es noch immer seinen Sinn, daß Ehe und echt ganz innig miteinander verwandt sind.

Das Bauernhofmuseum in Kleinlosnitz ist eben nicht nur eine repräsentative Sammlung von bäuerlichem Gerät: Das Gehöft, samt seinem Garten, zeigt ein Beispiel, wie in einer unverwechselbaren Landschaft auch das Haus unverwechselbar wurde – menschenindividuell und gemeinschaftstypisch. Sind das nicht auch Modelle des Zu-sich-selber-Stehens?

An solchen Plätzen wird mir manchmal schmerzlich bewußt: Was einem als Grund zur Freiheit fehlt, wenn man keinen Grundbesitz hat.

Ein Brunnen singt
Ein Garten jubiliert
Eine Arbeit stimmt froh
Eine Mühe lohnt
Eine Küche wartet auf
Braten und Klöße
Unterhaltung und Musik

Und zwischendurch in der Scheune HeuteKunst zeigen – und daneben dieses Auffangbecken von BauernErfahrung.

Munter spielt eine Quetsche auf – aber, das Sortentypische, das Sortenreine, das ist nicht mehr zu haben... Einst prägten stattliche Dreiseithöfe mit zweigeschossigen Wohnstallhäusern und Krüppelwalmdach die Landschaft des östlichen Oberfrankens... Das Blockhaus war typisch fürs Fichtelgebirge... Gemauerte Torbögen gehörten samt Steinhaus zum Stiftland... Gehäuse, passend in eine Landschaft gebaut: Eigensinn zu Eigensinn...

Solche Stunden laden auf. Mit einem Mal wünschst du dir – kindheitsweihnachtswunschselig – einen Brunnen, so einen Munterplätscherer wie im Hof von Kleinlosnitz... Und bleibt er auch lange noch ein unerfüllter Wunschtraum: Die Zeichnungen von Karl Bedal halten den Wunsch wach, hofbrunnenmunter.

Ich weiß schon: das alles können immer nur Annäherungen sein – doch gerade solche Annäherungen werden dann immer wieder zu Vertiefungen, die einen an so ein reichgestaltiges Land binden.

Ich sehe jetzt Karl Bedal wieder vor mir – und seine Frau. Beide, auch sie, ein Inbild der „Unzertrennlichen"...

Wieder einmal nehme ich Bücher von Karl Bedal zur Hand: „Haus und Hof in Fichtelgebirge und Frankenwald". Wie dieser Mann als Zeichner wach war und zeichnend gerettet hat – zum Beispiel die Variationen von „Hoftorsäulen" in dieser Gegend, zwischen Fattigau, Schloßgattendorf und Braunersgrün...

Wie aufmerksam er Zaunsäulen angeschaut hat und die verschiedenen Formen von Taubenhäusern...

Was er an Details gesehen hat: an Hoftoren... Wie er den Blick lenkte auf „Schupfen", den „Kellerschupfn" und einen Schafstall mit Frackdach...

Wie er die Unterschiede von Dachgauben erfasste: von einer „Steggaube" in Förmitz bis hin zu manchen flachen „Schleppgauben" – wie in Unterwolfersgrün oder in Fattigau... Wie genau er „Vollwalmdach" oder „Krüppelwalm" gezeichnet hat oder die „Windbretter" an vielen schindelgedeckten Dächern zwischen Zoll, Sparneck und Fattigau... Was es doch, ureinst, für nuancenreiche verzierte „Pfettenbretter" gab – als Schutzbretter der Dächer...

Was, wieder ureinst, Menschen für einen Sinn hatten, um jenen „Traufüberstand" eines Daches mit Balken schön zu machen... Dieses Hofer Land ist, immer noch, ein Schmuckkästchen, wenn man darauf achtet, was da, ureinst, für HausBaukünstler am Werk waren: sei es ein „Umgebindehaus" in Rehau oder ein Türstock, „auf Gehrung verzapft"...

Ich blättere, ich lese, ich schaue, ich staune: was dieser, schon verstorbene, Karl Bedal alles geschafft hat! Da ist unter anderem sein reichhaltiges Buch über „Bauernhäuser", zwischen Nordsee und Mittelmeer... Im Vorwort dazu, 1989 bei der OVA in Hof erschienen, nannte Dieter Wieland das Haus eine Urheimat, denn ein gutes Haus sei stets auch ein Zeichen für das Wohlvertraute; unsere Sehnsucht gelte der „freundlichen Behausung", die im Innersten wie eine „sichere Umarmung" sei...

Karl Bedal selbst, mit seiner klaren und aufrechten Handschrift, verstand seine Arbeit nicht als „technische Zeichnung"; und wahrlich: seine Bleistiftstriche geben etwas wieder vom Lebendigen der Häuservielfalt in Europa. Wie hätte er sich gefreut, wenn er in Oberfrankens ukrainischem Partnergebiet, in Transkarpatien, die Holzhäuser gesehen hätte: im Tal der Schwarzen Theiß, nördlich von Rachiv, im Land der Huzulen...

Karl Bedal, 1914 in Schwarzenbach an der Saale geboren, hat mit seinen Büchern auch gerettet – in seinen Bildern sind Vorbilder bewahrt: So schön konnte man ureinst auch im Hofer Land bauen...

Das Einfirsthaus im Fichtelgebirge
Das Blockhaus im Frankenwald
Die stattlichen Dreiseithöfe mit zweigeschossigen Wohnstallhäusern im östlichen Oberfranken
Höfe mit stattlichen Toren

Und immer wieder zeigen seine Bilder auch, wie Häuser eine innige Verbindung mit der Landschaft eingegangen sind – und das ist ja immer noch zu sehen, noch heute, im Hofer Land.

Ich höre die Stimme Karl Bedals; ich sehe seine so bescheiden wirkende Gestalt vor mir, und ich freue mich, ihm einige Male begegnet zu sein – das erste Mal war´s in Kleinlosnitz. Wie er sich freute, 1989, als ich seine Arbeit dort ansatzweise würdigen konnte... Auch das sind Gaben, die einen Mittelfranken an Oberfranken binden. Und wie sich, Jahre später, seine Frau Annemarie, in der „Galerie im Gerstenboden", in Hof freute, daß das zeichnerische Werk ihres Mannes nicht aus dem Bewußtsein verschwunden ist.

Wie andächtig hat er das gemeinsame Wohnhaus in der Zeppelinstraße in Hof zeichnerisch bewahrt: ein Schatzhaus mit Krügen, Bildern, Geschirr, Büchern und schönen Gebrauchsgegenständen. Sein Gedenkbuch an dieses Gehäuse erinnert an den Schweden Carl Larsson. Man spürt es: da haben Menschen ein Haus zu ihrem Lebensmittelpunkt gemacht – und alles darin und drumherum sprüht nur so vor Lebendigkeit: der blumenbewachsene Zaun, ein abgestützter Obstbaum, der Becher am Brunnen, das Gartenhäuschen, ein kleines Gerätehäuslein dazu, sogar die Garage, die Bäume, die bemalten Wände im Treppenhaus... Da spürst du: so ein Heim ist aufgeladen, sodaß die Bewohner gern daheim sind und ebenso gerne, nach mancher Welterkundung, wieder heimkehren.

Im Oberfränkischen Bauernhofmuseum in Kleinlosnitz bei Zell wird in einem großen Areal die bäuerliche Geschichte diese Landstrichs dargestellt. Das von Karl Bedal initiierte und gegründete Museum ist weit über die Grenzen bekannt.

Hauptteil ist der typische Vierseithof mit strohgedecktem Frackdach von 1790. (Bild rechts und links unten)

Das „Trüpfhaus" aus Saalenstein stammt aus dem Jahr 1785 und wurde hier wieder orginalgetreu aufgebaut. (Bild links oben)

Bild oben:
Oft saßen bei der Weißnäherei zwei Frauen am Nährahmen und schufen konzentriert mit viel Geduld herrliche Muster für Tischtücher, Kissen- und Bettbezüge.

Bilder unten:
Die Kartoffel war über Jahrhunderte die Feldfrucht, die als Grundnahrungsmittel das ganze Jahr große Familien ernährte. Das Kartoffelgraben und die Kartoffellese waren deshalb überall ein wichtiges Ereignis nicht nur für die Landbevölkerung.

In einigen Dörfern werden auch heute noch die schneeweißen Gänse gehalten: Fürs Daunenbett und als Festtagsbraten.

Die Ziege galt langezeit als „Kuh der Armen". Heute sind der Ziegenkäse oder ein Zickleinbraten gefragte Feinschmeckerprodukte.

Bilder aus vergangener Zeit: Vereinzelt und mit viel Glück kann man ihnen noch begegnen – den Originalen, die ihre Arbeit ungeachtet des technischen Fortschritts verrichten. Einst prägten sie mit ihrem Handwerk das Bild des ländlichen Alltags.

Bilder unten:
Das Beschlagen der Pferdehufe kann man durchaus mit dem heutigen Reifenwechsel vergleichen. Profil hatten damals allerdings die Hufschmiede, waren sie doch gefragte Spezialisten, denen man seine wichtigsten Arbeitstiere anvertraute.

Nicht beim Grillen, sondern in den vielen Hochöfen wurde damals die Holzkohle gebraucht. Der letzte Köhler des Frankenwaldes brannte bis vor kurzem im Thiemitztal seinen Meiler.

In Neudorf bei Schauenstein steht das Weberhausmuseum. Das strohgedeckte Häuschen wurde im Originalzustand belassen und vermittelt Eindrücke aus der Zeit der Handweber, deren es viele gab. Einer der letzten dieser Zunft war der „Thoma Hans", der dieses Haus bewohnte. Das Foto aus dem Jahr 1964 zeigt ihn bei seiner Arbeit.

WEBERDISTELN UND WEBMASCHINEN

Nach Helmbrechts und in sein Textilmuseum

Oberfranken war über lange Zeit „das TextilLand"... So sehr wir uns nach einem „immerwährenden Frieden" sehnen: wo produziert wird, gibt´s keine Armee, keinen Rechtsschutz, der den Bestand auf immer garantierte... Billiganbieter, Dumpingpreise, Weltmarktturbulenzen, Konkurrenzdruck: die Arbeitsplätze in der oberfränkischen Textilindustrie sind in den letzten Jahren geschmolzen wie Schnee im März – vielleicht wird man hier „Textil" bald nur noch im Museum sehen und über heimische Schafe nur noch schmunzeln... Und dabei kann ein Land nicht überleben, wenn es nicht selbst etwas herstellt... Ist´s nicht eines jeden Orts Stolz, wenn seine Bewohner sagen können: „Und derlei gibt es nur hier"? Diese aberwitzig schwierige Balance zwischen Herstellen und VerkaufenKönnen, zwischen Aufwand und Rendite, zwischen Material- und PersonalKosten und Absatzzahlen... Dieser unaufhörliche Zwang: wie ein Kundschafter beobachten zu müssen, was der KonkurrentFeind auf denselben Markt bringt – und dann blitzschnell reagieren... Geht das überhaupt noch, daß ein Textilbetrieb über ein Jahrhundert hinweg „standorttreu" „bei seinem Leisten" bleibt?

Weben: auch das geht längst maschinenrasant.
Wolle: Wer denkt da noch an einjähriges Wachstum?
Wollstrümpfe der Kindheit: Wie das kratzte und biß!
War es nicht wie eine mönchische RadikalReformBewegung: als den synthetischen Fasern der Heilige Krieg erklärt wurde? Hat ein neues biologisch-dynamisches Bewußtsein nicht den Naturfasern neue Märkte erschlossen, blitzkriegsschnell?

Merkwürdig: Wie sich im Webereibereich „UrNatur" und „Hightech" aufeinander beziehen... Um einen NaturMaterialKern spinnt sich das GroßNetz des TechnischRasanten...

Oberfränkische Schafwolle: das ist Urgroßmutterkram...
In einer Weberei heißen die vier Rohstoffe derzeit Lambswool, Cashmere, Mohair und Camelhair.

Die Produktpalette umfaßt Schals, Tücher, Decken und Plaids, Stolen und Ponchos, Stoffe für Oberbekleidung.

So einen weichsamtenen Schal in der Hand: da sagt dir jemand in Helmbrechts: „Im deutschen Wort Schal schwingt derselbe persische Wortstamm mit..." Muß das Kleinst-Regionale nicht irgendwo auch offen sein fürs Internationale?

Das Aufwändige ist nicht ohne Faszination: Am Ende hat man in einem Schal nichts anderes als veredelte Natur um seinen Hals...
Wie da im Strang gefärbtes Garn abgehaspelt wird
Wie sich Fäden mit anderen verbinden
Wie Maschinen meterweise Schals zusammenweben
Wie das Gewebte durchschnitten wird
Wie da Frauenhände zum Schluß Fransen einknoten
Wie da Wolle gewaschen und gewalkt wird
Wie ein bestimmter Preßdruck dem Gewebe Glanz verleiht
Wie Wolle, zwischen 24 und 48 Stunden gewässert, erst auf diese Weise ihre feine Kräuselung behält
Wie einheimisches Wasser mitspielt
Wie OberfrankenWasserhärte die Weber bindet
Wüstenselbitz als Schal-Standort
Wie der Seiden-Ort Como
Wie die Krawatten-Stadt Krefeld
Webstühle
Jacquard-Maschinen
Design-Computer
Schlingenware

Durch einen „rotarischen Zusammenhang", ich könnte auch sagen: „durch einen schönen rotarischen Zufall" kam ich nach Helmbrechts. Mich interessierte das: Wie schaffen die das mit der „Anpassung"?

Ich fuhr nach Helmbrechts, achtete kaum auf die Stadt selbst, fuhr an den Ortsrand: zu jener neuen Textilfabrik. Es war eigentlich eine Umlern-Station für mich: ich sah eine führende Textilunternehmung; ich bekam eine Vorstellung davon, wie das heute zu machen ist, wenn man allein mit HighTech konkurrenzfähig bleiben kann. Ich ging durch einen Großbetrieb; ich staunte über den hohen Grad nicht nur an Mechanisierung, sondern auch an HighTechAutomatik – und wie da bei höllischem ProduktionsTempo der Mensch eigentlich nur noch ganz wenig zu tun hat. Und es kam mir schon seltsam vor, daß wir Besucher in diesem WebSausLärm eigene Ohrenstöpsel bekamen, um das Gelärm leichter zu ertragen – und ich wagte keinen der hier Arbeitenden zu fragen, wie lange sie diesen Ohrdruck aushielten während der Jahresarbeitszeit. Ist der Mensch hier nicht längst vom Hersteller zum Überwacher geworden? Ist er nicht als Handlanger längst aufgestiegen zum hochwissenden Technikkontrolleur? Dazu all diese Mengen der Rohstoffe, die automatisierten Abläufe... Die industrielle Produktion hat mit WeberRomantik nichts mehr zu tun. Ich versuchte mir vorzustellen: daß so ein hochmoderner Arbeitsplatz in dieser HighTechWeberei über eine Million kostet... Ich kam nicht umhin daran zu denken: Daß „die Perfektion der Technik", so ein Buchtitel von Friedrich Georg Jünger, ein zweischneidiges Schwert ist; Fluch und Segen liegen ganz nah beieinander, und man muß es innerlich verdauen, daß dabei immer weniger Menschen gebraucht werden.

Absatz und Umsatz müssen stimmen. Effektivität ist eine Herausforderung. Mit immer weniger Menschen kann immer mehr produziert werden – nein, ich erörtere jetzt keine sozialen Fragen! Ich sehe nur die rasante Veränderung und damit auch die Befähigung zur Umstellung. Angesichts des gerade deshalb möglichen Weitermachens könnte man von Oberfranken und damit also auch vom Hofer Land als von einem „NeuWeg-Franken" sprechen.

Und dann sagte ich mir: Außer jener supermodernen Textilfabrik und dem Fußballverein von Helmbrechts kennst du eigentlich nichts von dieser Stadt – also, fahr hin!

Als erstes nahm ich ein China-Restaurant wahr, dann gewahrte ich dieses „Hoferland-Eigen-Stilige" der Häuser: lauter Einzeller, organisch mit den anderen zum Stadtensemble verbunden. Helle, oft keck anmutende Farben; aus einem Schaufenster lächelte mir in Warmgelb das neue Buch des sehr geschätzten Kollegen Otto Knopf entgegen: „Durch Tag und Jahr", „Geschichten und Gereimtes – aus dem Oberland". In der Tat, es ist hier ein Oberland, und schön oben liegt auch Helmbrechts.

Aufmerksam las ich eine Tafel, die auf das einstige „geistliche Brunnenrathaus" hinwies, und ich sah den Brunnen mit dem Drachentöter Georg.

Der Erker eines Hauses war mit einem Zwiebeltürmchen geschmückt. Oben am Berghang strahlte die Fassade einer stattlichen Villa. Lauter HübschHäuser, giebelmunter; untermischt von „türkischen Spezialitäten", und dann das Warmblau des Zifferblatts des Kirchturms. Gut gefiel mir die geschnitzte Szene des Abendmahls als dem Bild über dem Altar. Und auch die Balustrade vor und der treppengegliederte Aufstieg zum Rathaus gefielen mir als architektonischer Zusammenklang. Und als ich die ganz bescheiden wirkende Aufschrift las: „Karl Schmidt / Bankgeschäft", da kam wieder dieser WehmutsStich: wenn so ein seriöses Geschäft plötzlich den Todesstoß bekommt...

Ich ging die Straße bergab. Das Textilmuseum lockte mich. Es schien ein kleines Haus nur zu sein – doch dann sah ich, was da für ein modern-sachlich heller Anbau dazugehörte. An der Kasse saß niemand; im Inneren war eine Schulklasse an Webstühlen beschäftigt – Anschauungsunterricht in Sachen untergegangener Handwerkskunst, dachte ich – und irrte mich. In diesem Museum waren ja nicht nur alte, sozusagen ausgestorbene WeberHandwerksGegenstände zu sehen – vielmehr teilt sich hier etwas mit von „Anmut und Würde" des Handwerks.

Ich sah eine „Schlitztrommel-Kreuzspulmaschine", dann einen „Schußspulautomaten"; und über einem Webstuhl las ich unter einem Bild den Satz einer Weberfamilie: „Mir mußdn dess karrierda Maigläggla wäiem..." Ich genoß den schönen Klang des Helmbrechtser Oberfränkisch – und mit einem Mal entsann ich mich des herrlichen Essays, den der mexikanische Nobelpreisträger Octavio Paz geschrieben hat: „Schönheit und Nützlichkeit".

Ich sah viel früher Gewebtes – und Octavio Paz hat recht, wenn er schrieb: das sind „schöne Gegenstände nicht trotz, sondern dank ihrer Nützlichkeit".

All diese gewebten Nützlichkeiten – ob Kopftuch oder Tischtuch, ob Handtuch oder Umhang: sie sind zugleich auch schön. Die „Schönheit" ist die Ausstrahlung des Dings; da gibt es, so Octavio Paz, eine „heimliche Beziehung zwischen dem Aussehen und dem Zweck des Gegenstandes". Aussehen und Zweck gehen gewissermaßen eine Ehe, eine lebenslängliche Verbindung ein. Und in jedem Stück schimmert die persönliche Handschrift des Webers durch.

Seltsamer Zauber: diese Fähigkeit, wenn HandWerker, HandWeber Schönheit und Nützlichkeit miteinander verbanden... Komisch: daß dem Massenprodukt von heute meist etwas von dieser Individualität fehlt – mag manch heute Gewebtes von noch so hohen Namen stammen... Es ist ganz einfach dieser Zauber des „von Hand gemacht" – du spürst sogleich die mit eingeflossene Lebenszeit eines Menschen. Handwerker, Handweber und Handarbeit: waren sie ureinst nicht eins? Wer genau hinschaut, der sieht es: jedes Stück hat eine persönliche Note. Da klingt es schon bitter wahr, wenn Octavio Paz schreibt: „Das industrielle Design trachtet nach Unpersönlichkeit." Hat er nicht recht, wenn er diese Schlußfolgerung zog: „Die Handwerker bewahren uns vor der Vereinheitlichung der Technik und ihrer geometrischen Öde"... Und noch bitterer wahr schmeckt dieser Satz des Mexikaners: „das Schicksal des industriellen Gegenstands ist der Müllhaufen."

Nein, ich polemisiere hier ganz und gar nicht gegen die industrielle Produktion – ich deute damit nur an, was verloren zu gehen droht, wenn wir nicht ab und zu an solchen Stellen, wie in Helmbrechts, begreifen, was einmal möglich war und wonach es durchaus noch Sehnsucht gibt.

Es ist nämlich das Verblüffende in diesem Textilmuseum von Helmbrechts, daß es eben nicht nur Vergangenes zeigt, sondern mitteilt, was heute mit diesen Handwerksmitteln möglich ist... Helmbrechts galt ja einst als „Kleiderschrank der Welt"...

Es ist bezaubernd, wenn man sich „Brettchenwebarbeiten" ansieht; das Zarte von farbigen Bändern und Gürteln... Und mit einem Mal ist da in Helmbrechts Welt zugegen; Helmbrechts zeigt Webzusammenhänge der Bekleidungskultur unserer Welt: Plötzlich ist da ein jüdischer Gebetsschal, ein „Tallit" – und über das schöne Ding wirst du darauf verwiesen, daß im gläubigen Judentum eben ein Schal nötig ist zum Gebet.

Und wie brüderlich nahe mit einem Mal das berühmte Palästinensertuch, die „Kefjia"...

Hier erst erkannte ich, daß so ein exotisches „Poncho" aus Lateinamerika nichts anderes ist als ein „Umschlagtuch".

Ja, und was wurde hier ureinst auch für unsere Gottesdienste an schönen liturgischen Gegenständen gewebt: Paramente für Altar und Priestergewand...

Mir gefiel das sehr: wie hier vom lokalen Webhandwerk der Bogen gespannt wurde zum Weitentfernten – wie sich hier Welt aus Lateinamerika und dem Nahen Osten brüderlich vereinte mit der Webwelt im Hofer Land... Aus dem Lokalen einen Blick gewinnen für das WeltGanze, einen Blick fürs Vergleichen... Eine WebSehschule ist dieses Museum in Helmbrechts.

Schließlich bestätigte eine Ausstellung mit „Patchwork", daß die Sehnsucht nach textilem Gestalten nicht versiegt oder erloschen ist. Es waren da farbdichte und musterschöne Gebilde zu sehen – Wandteppiche, Webbilder, die darüber hinaus eine Ahnung vermitteln, warum in islamisch geprägten Ländern der Teppich unverzichtbar zum Innenleben von Räumen gehört; ein Lebensmittel: zur Andacht, zur „namenlosen Freude", zur Behaglichkeit, zum segensreichen „Gemeinsam".

Helmbrechts ist ein Juwel – eines von vielen im Hofer Land. Und wenn dort ein Webstuhl summt, wenn „Kette und Schuß" vernehmlich werden, dann wird da ein Loblied gesungen: ein Loblied auf den einfachen Menschen, der schöne Dinge macht.

Das Oberfränkische Textilmuseum in Helmbrechts ist die Adresse für alles Wissenswerte über die Geschichte der Textilherstellung. In dem großzügigen Museumskomplex werden attraktiv und lebendig alle Facetten dieses Wirtschaftszweiges dargestellt. Wechselnde Ausstellungen behandeln das Thema in seiner ganzen Vielfalt.
Im angegliederten Neubau wird mit einer eindrucksvollen Multimediaschau die heutige Textilproduktion präsentiert.

Vereinzelt findet man noch Industriebauten, die mit ihrer Architektur an Gründerzeiten erinnern. Das kommt nicht von ungefähr – schließlich zählt die Hofer Region zu den ältesten Industrieregionen in Bayern – ein Umstand, der auch heutige moderne Industrieansiedelung begünstigt.

Teil der Rehauer Museen ist die mechanische Werkstatt im Angergäßchen. Ein Glücksfall in der Museumslandschaft, denn die gesamte Einrichtung und die Maschinen konnten unverändert im Originalzustand übernommen werden.

Jahrhundertelang wurde an vielen Orten des jetzigen Landkreises intensiv Bergbau betrieben. Nicht Kohle wurde zu Tage gefördert, sondern erzhaltiges Gestein. Viele Ortsnamen weisen noch auf diesen damals wichtigen Erwerbszweig hin.
Heute gibt es nur noch ein Bergwerk, das unter Tage abbaut: Das Schieferbergwerk Lotharheil bei Silberstein im Frankenwald. 1856 wurde es von Lothar von Faber gegründet, im nahen Geroldsgrün wurde ab 1859 das Gestein für die Schiefertafelproduktion verwendet. Heute wird das schwarzblaue Gestein vor allem am Bau verwendet. Besuche mit Führungen unter Tage können vereinbart werden.

Ein reines Besucherbergwerk ist der Friedrich-Wilhelm-Stollen bei Lichtenberg (Bild links unten). 1794 von Alexander von Humboldt 1.100 m in den Berg getrieben, war dieses Bergwerk einst der modernste Stollen der Gegend. Heute ist er mit Führungen als Besucherstollen wieder zugänglich.

KONTUREN-INTERMEZZO 2
Mit Grünschiefer

Eigentlich leicht zu merken eine gewisse Symmetrie dieses Landkreises: die wellig gerändelte Umrißlinie umfaßt eine Gesamtfläche von 892,55 Quadratkilometern, und der Durchschnittsdurchmesser, nordsüdlich, mißt 34 Kilometer und der ostwestliche 35 Kilometer.

Die Wirtschaftskraft verändert sich freilich von Jahr zu Jahr – indes ist der DreierAkkord aus dem Jahr 1986 schon merkwürdig (wenn man ihn mit anderen Landkreisen vergleicht): Die Forstwirtschaft steuerte seinerzeit 10% bei, das Dienstleistungsgewerbe nur 31%, doch das produzierende Gewerbe brachte es auf 59%.

Soweit ein paar beiläufige Zahlen. Und was liegt darunter? Ganz überraschenden Einblick in die „Schubladen der Erde" gewährte mir eines schönen Sommertages die Landkreishauptstadt Hof. Ich wollte mich mit meinem Bayreuther Baumfreund, Erich Walter, dem gebürtigen Hofer, zu einem AugenfreudeGang im Botanischen Garten von Hof treffen, den ich bislang versäumt hatte. Und da ich schon viel früher von Feilitzsch hergekommen war, hielt ich am Zoologischen Garten. Wer in seiner Heimatstadt Nürnberg einen wahrlich schönen Tiergarten vor der Haustür hat, der wird in Hof sicherlich nicht Zebras, sibirische Tiger oder argentinische Pumas erwarten; und, ehrlich gesagt, ich mußte ein wenig schmunzeln, als ich diese Ankündigung las: „Zoologischer Garten"... Indes zeigte sich auch hier eine alte Wahrheit: Die Welt ist groß im Kleinen, und eben dort gibt es Kleinigkeiten, die mit einem Mal in die Schatzkammer des Unvergeßlichen geraten; das liegt am jeweiligen „Nur-Hier". In dieser zoologischen Miniatur sah ich zum ersten Mal so hübsch bunte Papageien – und die heißen „Die Unzertrennlichen". Allein schon der Name... Was für ein feines Ehesymbol!

Doch zurück zu den „Schubladen der Erde"! Im Eingangsbereich des Zoologischen Gartens von Hof ist höchst anschaulich ein Geologischer Garten angelegt, der die ungewöhnliche Vielfalt dieser so steinreichen Gegend sichtbar macht. Die Fachleute haben dazu natürlich ihre Fachbücher – aber für einen normalen Neugierigen gibt´s da Aufschlüsse genug. Wie es da mit einem Mal tief hinabgeht in die Schichten der Erdgeschichte... Uraltes Erdaltertum taucht da auf: wie der „Leimitzschiefer".

Wie es da aus Granit und Gneis glimmerte – und mit einem Mal schillerte es gründlich daher: Grünschiefer...

Und schon mischt sich der Mensch ein, der, als gebürtiger Schatzsucher, hier als Schatzgräber tätig wurde und in die Berge „einfuhr"...

Wie der Ortsname schon verrät: in Berg wurde bereits ab 1569 Bergbau betrieben; Stollen wurden in das Gestein getrieben – und seltsam merkwürdige Namen bekamen diese unterirdischen Vorstöße; manche wurden geradezu ehrfürchtig benannt, Hoffnung und Zuversicht spielten eine Rolle dabei:
„St. Anna Fundgrube"
„Uffm Zorn Gottes"
„St. Johannes Fundgrube"
„Gelobtes Land"
Die Eisengruben in Brunn hießen „Zur Morgenröte".
Aus einer Bergwerkssiedlung entstand der Ort Eisenbühl. Im nahen Kemlas wurde in dem Stollen „Gottesgabe" nach Spateisenstein, Kupfererz und Vitriolschiefer gegraben.

In den Erzgruben von Hadermannsgrün wurden „Glaskopf", „Braun- und Spateisen" abgebaut. Der in Bad Steben tätige Alexander von Humboldt bezeichnete die Gruben daselbst als hoffnungsreich. Und dann diese Grubennamen von Hadermannsgrün:
„Arme Hilfe Gottes"
„Eisenknoten"
„Keilender Stein"
„Auffahrt Christi"
„Beschertes Glück"

Mir scheint, daß die Bergleute beim Benennen wie Dichter benannten... Und wenn auch von diesem „bescherten Glück" nichts mehr zu holen ist: die Namen blieben wie SeefahrerSehnsucht – und daß in Silberbach, im Flurgebiet von „im Sicherts" aus dem Flußsand die Metallkörnchen ausgewaschen wurden: das ist ebenso sicher.

Im Hofer Land also gibt´s immer noch Stellen, da zeigt die Erde etwas von ihrer wundersamen Mitgift. Und wie dann dieses Innenleben der Erde immer wieder anregte – nicht nur zu wirtschaftlicher Nutzung, sondern zum eigenen Erleben und Anschauen... Ich denke an Adalbert Stifters „Bunte Steine" und Goethes tiefgründige Studie „Über den Granit". Solche Einstiegsstellen gehören mit zur Kontur einer Landschaft.

WIEDER EINMAL IN DER BÜCHER-WUNDERBURG „JEAN PAUL"
Anknüpfend in Joditz

Ich war erst Student, in einem frühen Semester, in Erlangen, da schrieb ich eine Seminararbeit über „Witzige und empfindsame Metaphorik bei Jean Paul". Seither schätze ich das Schreiben des in Wunsiedel Geborenen – auch wenn mir manchmal das schier unendliche Spiralkreisen um sich selbst auf die Nerven geht. Jean Paul muß früh gespürt haben, daß die Welt immerzu auseinanderklafft. Jean Paul balanciert schreibend überm WeltAbgrund auf dem Trapezseil des Bücherschreibens.

Manchmal lacht er lauthals und zugleich erschrocken über diese Welt; zuweilen versetzt er sich hinein in den Weltschöpfer.

Jean Paul ist einer, der heute ganz nebenbei schreiben könnte: „Und wenn ihr auch alle DNS-Moleküle in den Genen des Menschen beisammen habt und eines Tages die transgene FlugSchwimmTauchMaus züchtet: IHM kommt ihr doch nie auf die Spur!" Ich mochte und mag noch immer diesen Bilder-Herausholer aus scheinbar trockener Sprache.

Einmal nächtigte ich mit meiner Frau in Joditz, wo Jean Paul als Kind seines armen PfarrerLehrers lebte; der Wirt zeigte uns handgeschriebene Blätter mit den Lebensdaten Jean Pauls – nur Bücher von ihm waren keine zur Hand.

Jean Paul Friedrich Richter, der die zwei hinteren Namensstellen als „zu-arg-deutsch" einfach wegließ und sich lieber französelnd „Jean Paul" nannte...

Jean Paul, der vor einem Schuldenberg nach Leipzig ausriß und das „Haushaltsbüchel" seiner Mama in Ehren hielt... Jean Paul, der Hauslehrer in Töpen war, der dann schließlich als Erfolgsautor von Damen umschwärmt wurde in Weimar; der

Berlin nicht mochte; der zum Schluß erst wieder richtig aufblühte: in Franken – finalmente in Bayreuth...

Ich mag ihn: wenn er die „Knospen der Freude" aufspürt und gleich darauf jene „Dornenableger" aus einer Frau „rachsüchtiger Seele"...

Immer wieder setzt er sich mit dem „Springstabe des Einfalls" hinweg über das „Sumpfmeer" der PfennigfuchserWelt, wo „Liebestrank und Haderwasser" oft in ein und demselben Gefäß zusammenfließen...

Stellen wir uns einmal die Jean-Paul-Stellen auf unserer Landkarte vor: Wunsiedel (* 21. März 1763) – Joditz – Schwarzenbach an der Saale – Hof – Leipzig – Hof – Töpen – Hof – Schwarzenbach an der Saale – Reise nach Bayreuth und Erlangen – Hof – Besuch in Weimar – Reisen u.a. nach Dresden und 1798 Übersiedlung nach Weimar – 1800 Übersiedlung nach Berlin – dann Meiningen und Coburg – schließlich Übersiedlung nach Bayreuth; von dort aus 1812 Reise nach Nürnberg... Am 14. November 1825 ist er in Bayreuth gestorben. Sein Grabgedenkstein in Bayreuth: ein Felsbrocken, gut zu merken – dieser Felsbrocken in unserer deutschsprachigen Literatur.

Jean Pauls Bücher bilden eine Wunderburg.
Die Welt ist wirr – kein Wunder, daß da einer wie er die „Herzpolypen der Angst" hat und kennt.
Aber zugleich hat er auch das „Schwungbrett der Seele".
Sucht immer wieder Gegenmittel wider die „Gifttropfen des Grams".

Er muß die Sprache wahnsinnig geliebt haben: weil sie von Satz zu Satz immer wieder Neues hergab, eine unaufhörlich auspressbare Zitrone.

Zwischendurch seine Wutanfälle gegen ein steiftrockenes Christentum, das „die ganze Sinnenwelt hat austilgen wollen". Derselbe Jean Paul indes schrieb seine „Rede des toten Christus vom Weltgebäude herab, daß kein Gott sei".

Was für ein vermessener Titel! Was für eine Kühnheit: angesichts des Räderwerks der Welt, der „Korallenbänke schlagender Herzen..."

Und taucht dann wieder in die BierSüdsee, trinkt, trinkt, ertrinkt nicht.

Ach, diese heilkräftigen Schreibträume Jean Pauls: auf daß der „Silberblick des Ideals fortblinke" – auch wenn da stets eine „knurrende Hauskatze" faucht.

Das „Idealgewebe" der Freiheit bedeutet für ihn „Sonnennähe". Dieser gebürtige Fichtelgebirgler, der die bitterkalten Schneewinter erlebt hat: er macht daraus nichts Banales; er sieht durch den RealSchnee hindurch eine tiefere Schicht, die quellwasserführende Schicht der Sprachbilder – Jean Paul also schreibt von der „Wiegendecke des Schnees". In solcher bildertrostreichen Sprache erst ist er daheim.

Wenn er zärtlich wird, wechselt sein Sprachklang über in die „Molltonleiter des Herzens".

Nachts führt ihn sein Weg „in die Eisfelder der Träume". Allen sei es gesagt: seine Wort-Spiele sind keine Spielerei! Da spielt einer nicht mit dem Baukasten der Wörter! Ganz anders: indem er Worte miteinander neu verbindet, entdeckt er tiefere Zusammenhänge, und so entsteht Freiheit, die es so nur in der Sprache gibt.

Halten zu Gnaden, liebe Leser: wenn wir uns die Billigpornografie unserer Tage vor Augen halten, dieses Wegwerf-Kopulieren – dann einmal das anmutig Echte von Liebe bei Jean Paul ins Wort gefaßt erleben...

Da wird der Kuß als ein „Siegellack" gefeiert, der auf die „Urkunde der Wahrheit" gedrückt wird – und das ist nichts anderes als der Mund des geliebten Gegenübers.

Jean Paul erzählt vom „Abendtau der Wehmut" und vom „Stacheldraht des Schmerzes".

Was für Bilder wären ihm eingefallen, wenn er den hündischen deutschen Gehorsam zwischen 1933 und 1945 erlebt hätte? Was hätte er zu den tyrannischen Teufeleien der Bespitzelung in Deutschlands sowjetischer Zone gesagt? Und wie würde er giften angesichts deutscher Kriegerdenkmäler – angesichts dieses schwarzweißen deutschen Duals: entweder nur Helden oder nur Verbrecher... Und was schriebe er uns ins Stammbuch, wenn er bis auf den heutigen Tag an der deutsch-tschechischen Grenze nicht ein einziges Denkmal der Vertreibung fände?

Und was erst würde er über die „Leithämmel und Leithunde" in der bayerischen Kulturpolitik sagen, angesichts der Tatsache, daß der in der Landeshauptstadt verliehene Große bayerische Literaturpreis zwar seinen Namen trägt, aber bis zum Jahr 2003 bekam diesen „Jean-Paul-Preis" noch kein Autor aus Franken – als ob es jean-paulinische Nachfolger nur im nahen Aus- oder zumindest nur in FernDeutschland gäbe...

Und dennoch: dieser Jean Paul ist nie im Zorn stecken geblieben – manchmal klingt sein Zuspruch geradezu vatermütterlich: „Es wäre ebenso schlimm für die Erde, wenn es lauter Deutsche, als wenn es keine gäbe, und kein Volk ersetzt das andere..."

Jean Paul, der die Demütigung kannte, als Schriftsteller immer wieder ein Bittsteller sein zu müssen! Er hat zumeist „von der Hand in den Mund gelebt"... Nur acht seiner Bücher brachten es zu einer zweiten Auflage; und allein sein „Hesperus" schaffte zu Lebzeiten gar eine dritte.

Wer sich nicht traut, direkt in die Wunderburg seiner Bücher einzusteigen, dem empfehle ich einen vorzüglichen Schuhlöffel: Es ist die Biografie des ostdeutschen Dichters Günter de Bruyn, die 1975 in der einstigen DDR erschien – wo es, das sei auch einmal rühmend erwähnt, hinreißende Widerstandsnester in Buchform gab und eben Dichter (wie Reiner Kunze) und Verleger, die der Stasi-Aufsicht die Stirn boten.

Am 31. Januar 1962 habe ich mir in der „Jean-Paul-Stadt Bayreuth" Jean Pauls „Satire von Dr. Katzenbergers Badereise" gekauft – vierzig Jahre später freut mich daraus noch immer dieser therapeutische Satz: „Gehen, Durchlaucht, als die rechte Mitte zwischen Reiten und zwischen Fahren"...

Also gehen... Lesend gehen...

Aus der vermeintlichen Enge der Kindheit wurde bei Jean Paul etwas WeltWeites.

Und niemand soll nun glauben, daß es in dieser Bücher-Wunderburg nur Worte gäbe... Jean Paul hat anno 1812, in Nürnberg!, für seine Karoline ein Kleid gekauft – und dazu drei Sack Mehl, Nürnberger Bratwürste, holländischen Käse und ein Gurkenfäßchen: denn damals waren Lebensmittel in Nürnberg billiger als in Bayreuth.

Das Grafikmuseum Stiftung Schreiner ist vom Sammlerehepaar Schreiner aus Bad Steben initiiert und gegründet worden. In den Räumen des Kurhauses untergebracht, erfreut das Museum mit bedeutenden Ausstellungen immer wieder Kunstfreunde aus Nah und Fern.

Das Jean-Paul-Museum in Joditz ist dem privaten Engagement des Ehepaares Schmidt zu verdanken. Jean-Paul-Freunde aus aller Welt besuchen das liebevoll renovierte Haus, in dem so vieles über Jean Paul zu erfahren ist.

Im Schauensteiner Schloß ist das Oberfränkische Feuerwehrmuseum untergebracht. 1998 eröffnet, zeigt es anhand vieler Objekte Technik und Geschichte der Feuerwehren.

Es war einmal... Einreise ins grosse Ostreich

1986, im Mai: Zwei Tage vor der geplanten Abreise war noch kein Visum da... Du willst in ein Land, wo du auf Gnade und Barmherzigkeit angewiesen bist – aber es sind die Gebrüder Willkür und Abhängigkeit, die bis zur Einreise die Spannung aufrecht erhalten...

„Wenn morgen das Visum kommt, fahre ich nicht!" Du drohst – aber du kannst niemandem drohen.

Am Abend vor der geplanten Abreise traf das Visum ein – und jetzt hatte der Auspuff ein Loch: „Mit solchem Röhren kannst du unmöglich zur Verwandtschaft deiner Frau in die DDR!"

Rasch zur Tankstelle – dann die Koffer gepackt. Ein Kobold sitzt auf den Taschen: „Du mußt doch was mitbringen! Irgendetwas erwarten sie doch von dir! Wenigstens eine Geste! Mit leeren Händen reist man nicht in den Osten!"
Ich fauche den Kobold an: „Ich bin doch nicht der reiche Onkel aus dem Westen! Wieso soll ich mich verstellen?"

Der Kobold faucht und wird zum Kompromiß: Westschokolade, Frankenwein, Buntstifte für Kinder, eine kleine Auswahl eigener Bücher und zwei Reiseerzählungen von Horst Krüger... Noch ein Blick auf die Landkarte... Deutsche Namen, aber blaß geworden. Die haben es schon beinahe geschafft, daß wir diesen Landstrich wie Ausland empfinden...

Der „Ministerrat der DDR/Ministerium des Innern" hat uns, versehen mit dem Poststempel des Präsidiums der Volkspolizei Berlin zwei „Berechtigungsscheine zum Empfang eines Visums" zugestellt – durch die Verwandten in Mecklenburg...
„Berechtigungsscheine": Nicht du hast als Deutscher ein Recht, deutsches Land zu besuchen – das Anrecht wird dir zugeteilt. So muß es mit Butter und Brot zur Hitlerzeit gewesen sein...

Die Zeit unseres Aufenthalts ist begrenzt. Das Ziel ist angegeben. Das Visum ist gebührenpflichtig.

Eine Erklärung liegt bei über die mitgeführten Gegenstände, die „zum Verbleib in der DDR bestimmt sind". Kann man ein Geschenk demütigender mit Amtsdeutsch umschreiben?

In derselben Erklärung sind auch die in die „DDR eingeführten Zahlungsmittel" anzugeben...

Strenge Vorschriften... Belanglos im Grunde, wenn man die Einreiseerlaubnis selbst in Händen hält.

Einen Moment zögerst du beim Geldzählen: Solltest du nicht ein paar Mark für Schwarztausch zurückbehalten? Werden sie dir den Geldbeutel aufmachen und alles auf Heller und Pfennig nachzählen?

Schließlich entgeht dir nicht, daß auf dem DDR-Formular zweimal – wie ein seltenes Reh – das Wort „bitte" vorkommt... Immerhin nicht ausgebürgert – indes sich bei uns nur dieses abstrakte Kürzel eingebürgert hat: „DDR"... Schweiz oder Österreich, Spanien oder Polen, Belgien oder Holland: die DDR hat es nie geschafft, ein Staatsland zu werden – ein Kürzelkeil, mitten in Europa.

Bis hinter Hof geht alles glatt. Plötzlich fällt dir die Schulzeitreise ein – quer durch die „Zone". Du siehst die Berliner Mauer vor dir, und wie wir seinerzeit, 1964, bei Töpen-Juchöh, auf einem Holperstück Landstraße, Bananen aus dem Fenster warfen: als führen wir durch Hungerland. Und eine andere Reise drängt sich in der Erinnerung vor: Ich wollte meine Frau auf dem Kurfürstendamm abholen... Es war alles glatt gegangen; damals war Straßenbenutzungsgebühr für die Ostzone zu entrichten... Dann kam der Berliner Ring... Keinen Autoatlas dabei. Unsicher... Also, nach „Berlin/Hauptstadt der DDR" willst du nicht, kannst du nicht, darfst du nicht... Aber, wie heißt das Schlupfloch? Wo führt das Transit-Schild hin? Da verhaken sich die Augen in einem Namen – das ist der Rettungsanker: Den Ort hast du doch immer wieder gehört: „Grenzübergang Marienborn"... Da mußt du hin... Das muß der Übergang nach Berlin sein... Auf der Holperautobahn waren die Kilometerangaben spärlich. Westorte gabt es da nicht... Konnte denn Berlin von Nürnberg aus, über Hof, so weit weg sein? War die DDR wirklich so dick? Auf der Gegenfahrbahn fuhr britisches Militär vorbei – westlicher Brudergeleitschutz, aber leider nicht zu befragen... Entweder ist meine Erinnerung falsch oder der Tacho spinnt... Weit über 600 Kilometer... Endlich, die Schilder, die Wachtürme, die Zäune, die Grenzer, das Schleusenpersonal... Stempel, Kommandos, du wartest auf das letzte Ostgrün, dann muß WestBerlin kommen... Da schneidet des DDR-Grenzers Stimme scharf ins Ohr, mit merkwürdigem Tonfall:
„Wo wolln Sie denn hin?"
„Nach West-Berlin, nach Berlin-West..."
„Nu, was mein´ Se denn, wo Se sinn..."
„Na, an der Grenze zu Berlin..."
„Nu, da fahrn´se mal zur Seite..."

Erschrecken, Ratlosigkeit, Hilflosigkeit: Gegen welche Gesetze und Vorschriften hast du verstoßen? Der Uniformierte klärt auf: „Nu, da fahrn´se noch weiter, dann sind´se gleich bei Hannover, dort könn´se umkehrn..." Panische Angst. Wo bist du? Mußt du dann nicht nochmal dieselben Gebühren bezahlen? In einem Anfall von Verzweiflung spreche ich den scheinbar Unansprechbaren an, erkläre ihm meinen Irrtum – und es scheint, als glaube er mir... Ich warte, ich spüre dieses Hängen überm Abgrund: Wie das ist, wenn man selbst nichts mehr entscheiden kann...

Der Uniformierte kommt nach einer Weile wieder: Er habe telefoniert, er habe den Paß gestempelt, die Kollegen vor Berlin wüßten Bescheid... Ich bin verblüfft, ich danke... Der Mann hebt ein Gittereisen, bewegt es zur Seite – ich darf auf DDR Gebiet wenden, und fuhr nun also aus hannoverschem Westen von neuem nach Ost-WestBerlin... TransitTodsünder: BRD-DDR-quer-BRD: Unmöglich!

Bis hinter Hof war alles glatt gegangen. Jetzt nahm ein westdeutscher Zöllner den grünen Paß in Empfang – seine Geste bedeutete: „Naja, wenn´s sein muß...Gute Reise!"

Von Reisen kann von jetzt ab freilich keine Rede mehr sein. Kurz vor der Brücke ist erst einmal Haltrot. An der Brücke hängt unsere Farben-Fahne im Wind – mit so einem andersdeutschen Zeichen darin...

An der Grenze, an dieser Grenze hat nur Warten Wert. Diese Grenze ist eine Vollsperrung. Diese Grenze hat etwas von Geßlers Hut. Durch Gitter, die an Gatter von Schafpferchen erinnern, wird der Strom der Fahrzeuge kanalisiert. Es ist alles genau beschildert. Egal: Ob Transit nach West-Berlin oder Einreise in die DDR: in jedem Fall ist eine Schleuse zu passieren – du wirst jetzt auf Ostniveau gehoben. In einem Zeitbrei bist du...

In der langen Warteschlange, von gleichgültig wirkenden Aufsehern umstellt, wirst du langsam abgesenkt auf den Boden der Ostwirklichkeit. Du spürst, wie das Westwasser abläuft, dein Boot geschleust wird ins Fahrwasser der Geduld: Anstatt überhaupt nicht einreisen dürfen ist Warten doch ein Fortschritt. Niemand ist unhöflich oder gar patzig.

Früher, erzählt man, waren Westdruckerzeugnisse verboten. Früher, erzählt man, hätten die Grenzer sogar gefragt, ob man Waffen mitführe.

Die Bewaffneten sind schwerbewaffnet: Wer ist ihr Feind? Langsam rücken die Autos voran. Mit einem Mal ist es wieder da: Die „OstEinreiseSchizophrenie". Soll man den Motor nicht besser ausmachen, um die volkseigene Luft nicht mit Westabgasen zu verpesten? Aber, wenn dann der Anlasser streikt, wirst du den Ostfluß stören. Soll man den Motor nicht doch weiterlaufen lassen, um auf den nächsten Wink gehorsam sofort weiterzufahren?

In einem überdachten Kabäuschen der Grenzabfertigungsanlagen sitzt eine männliche Uniform. Das Gesicht kann man nicht sehen – es trägt eine Sonnenbrille.

Herr Uniform hat seine Mütze lässig nach hinten geschoben, als säße er hier zum Vergnügen. Er fixiert das Nummernschild, dann winkt er. Er winkt – wenn er stattdessen spräche, klänge das vielleicht so: „Schau, daß´d herkommst! Bild´ dir ja nicht ein, daß wir uns hier minderwertig vorkommen! Wir sind eine Macht, das spürst du! Das hier ist unser Land! Bild´ dir nicht ein, daß dieselbe Grammatik zu Verbrüderung Anlaß gibt!"

Herr Uniform schaut uns von schräg unten an. Man hofft jetzt: das eigene Gesicht möge sich bequemen, dem Bild auf den Paßbildern zu gleichen. Den Blick von Herrn Uniform kann man begreifen: Es geht ja nicht an, vierzehn Jahre vor der Jahrtausendwende, bei soviel sozialen Problemen auf dieser Welt, jedem Menschen gute Absichten bei der Einreise zu unterstellen. Herr Uniform winkt uns wortlos weiter. Jetzt werden die Kofferfilzer kommen, die Fragensteller...

Es kommt, ganz apart, eine junge Frau Uniform. Junge Frau-Uniformen entbehren nicht eines erotischen Reizes. Das Uniformkleid schmiegt sich knapp an. Das Schiffchen ist keck. Das Beinschwarz unterm UniformMinigrün ist leibhaftige Sünden verheißung. Man sieht das leibhaftig: Die Goldwährung eines Körpers – was für ein hübsches Zahlungsmittel...

Die junge Frau Uniform fragt nach den Büchern auf meinem Einfuhrzettel: „Was sind´n das für Bücher?" Die Taschenbücher Horst Krügers arglos in einer Tasche versteckt, gestehe ich: „Meine eigenen; ich bin Schriftsteller." „Wer kriegt´n die?" „Der Onkel meiner Frau." „Zeigen Sie mal!" Oh schamlose Macht der Macht: Man gehorcht.

Um sie milde zu stimmen, nahm ich die beiden DDR-Reclam-Leipzig-Bände, in denen auch einige meiner Gedichte gedruckt worden sind: „Sehn Sie, da sind auch meine Gedichte drin, bei Ihnen gedruckt..." Als wollte ich mich unterwerfen und bedeuten: Ein Staatsfeind kommt hier nicht... Frau Uniform schaut über Reclam-Leipzig weg: „Die hamm´ wir selber..." Ich hole alle Bücher, beeile mich: „Und dies, über Friedrich Hagen... Ich hab´ es herausgegeben; er war auch Nürnberger, Antifaschist, in Frankreich im Exil..." Oh Gott, er war ja nicht in der Sowjetunion Exilant... Und Frau Uniform nimmt meine Bücher und verschwindet in einem Holzbüdchen... 50er-Jahre-Romantik.

Wenn man jetzt kein Angsthase wäre, würde man jetzt fotografieren: Safari 1986... Anstelle exotischer tätowierter Eingeborener die ordensgeschmückten Grenzer. Jedes Silberschulterstück ein Rangabzeichen... Die Menschenwelt, hier ist sie leitersprossenklar. Frau Uniform händigt die Bücher aus: Ohne Befund. Wir sind entlassen, wir dürfen weiter: „War doch eigentlich gar nicht so schlimm..."

„Hätten wir jetzt nicht zuerst noch Geld wechseln müssen?" Blick auf die Uhr: Nur 50 Minuten waren wir in der ersten Schleusenkammer. Auf Rückfahrten am Brenner haben wir schon länger gestanden – nur, daß dort die Wut verpufft. Dort gibt es niemanden, dem man den zeitaussaugenden Blutegel Stau vorhalten könnte. Zwei Sperren noch...

Wir haben ein Stück Allmacht gesehen. Die Straße ist frei und schlecht. Tiefe Schlaglöcher: Die Geschwindigkeitsbeschränkungen leuchten ein. Auf Mittelstreifen oder am Autobahnrand hoppeln VoPo-Wartburgs. Radarkontrollen sind leicht auszumachen: In diese Fallen gehst du nicht. Nach einer Weile pendelt man sich ein bei 80 oder knapp 100 km pro Stunde.

Hin und wieder ein verstohlener Blick in die Schleusenkammer-Randlandschaft: Großfeldrig, aber die Bäume sind wie bei uns, und das Schieferschwarz eines Kirchturms ist oberfränkisch-verwandt... War das früher mal Thüringen oder schon Sachsen? Schleiz. Dittersdorf: „Karl Ditters von Dittersdorf".

Seinerzeit waren die Bäume im unteren Astbereich schwarz – Totenbäume. Aber sie taugen noch immer als Vorhang. Nichts zu sehen von DDR-Deutschland. Verkniffene Stille. Die Ostkennzeichen gleichen einer Geheimschrift.

Manchmal bedenkst du den Trick der Schreibung: Es müssen tatsächlich zwei Städte sein: „Berlin (Hauptstadt der DDR)" und „Westberlin". Name bewirkt Existenz – man muß es nur oft genug wiederholen.

Man fährt jetzt gemächlich dahin – eigentlich ist das, sehenden Auges, Blindflug: Man verläßt sich auf die Kilometerangaben – die wirkliche Entfernung hat man nicht mehr im Gespür... Wir befahren die Schleuse der Autobahn. Vergeblich rufst du dir den Schulatlas ins Gedächtnis...

Naumburg: War da nicht ein Dom mit einer schönen Uta – mit hochgeschlagenem Mantelkragen?

Potsdam: Des Königs Schloß hättest du gern einmal gesehen... Es ist, als sage jemand die Namen von Verwandtschaft auf – nur, du kennst sie nicht, hast sie nie gesehen... Und dennoch ist da in dir diese Vorstellung vom Deutschen, vom deutschen Volk... Es will dir nicht in den Kopf, daß die Unversöhnlichkeit der höchste Zustand der Menschen sei... Es will dir nicht einleuchten, daß die Welt in rechts und links, in richtig und falsch zerfällt, und ein paar Köpfe in Moskau wüßten wie der Allmächtige, wo die haarscharfe Grenze verläuft...

Und wenn sie hier auch sächsisch verfärbtes Deutsch sprechen und ihre Sprache mit uns unbekannten Wörtern bereichern: Derselben Grammatik entkommen die beiden deutschen Staatsgebilde nicht – das war mein Trost.

Das bis zum Jahr 1989 geteilte Dorf Mödlareuth – vom amerikanischen Präsidenten Bush sen. bei einem Besuch als „Little Berlin" bezeichnet – ist zu einem Museumsdorf geworden. Die Sperranlagen und Ereignisse an der ehemaligen DDR-Grenze werden hier eindrucksvoll am Originalschauplatz dargestellt.
Auf thüringischer und bayerischer Seite ist vieles erhalten geblieben, was für die einstige deutsche Teilung so menschenverachtend war. Stacheldraht, Sperrzaun, Mauer, Wachturm und NVA-Militärgerät führen authentisch in die Geschichte des „Kalten Krieges".

Fotos von oben:
Mödlareuth 1978.
Öffnung der Mauer im Frühjahr 1990.
Sperrzaun im Tannbachgrund 1983.

Evang. Pfarrkirche in Berg

KIRCHEN & SAKRALES

Die Sakralbauten im Hofer Landkreis sind reich an Geschichte und außergewöhnlich in ihrer Ausstattung. Keine gleicht der anderen. Viele haben die Wirren von Jahrhunderten überstanden und sind durch sensible und aufwändige Sanierungen in den letzten Jahrzehnten zu neuer Pracht erblüht. Sie geben Zeugnis von einer tiefen Religiosität der Bevölkerung – waren sie doch sehr oft Zufluchtsort für Seele und Körper. Ein Besuch tut auch heute gut, die Achtung vor dem sakralen Raum sollte dabei jedoch gewahrt werden.

Bilder von links:
Wegekreuz bei Förbau.
Fresken in der spätgotischen Hallenkirche von Weißdorf.
Kanzel der Friedhofskapelle in Stammbach.
Grabstein am Nailaer Friedhof.
Fenster der Stadtkirche Naila.

Bilder unten:
Orgel der katholischen Pfarrkirche Bad Steben.
Schmiedeeiserner Türbeschlag in der Nailaer Pfarrkirche.

Gemalte Bibeln in Regnitzlosau, Pilgramsreuth und Kirchgattendorf

Der Freund aus Hof lud mich in sein Auto ein und versprach mir gleich drei Überraschungen: Derlei hätte ich gewiß noch nicht gesehen und schon gar nicht im Hofer Land erwartet...

Die Ortsnamen Pilgramsreuth und Regnitzlosau, sowie Kirchgattendorf und Issigau hatte ich wirklich noch nie gehört.

Der Freund verriet nichts. Wir fuhren ins ostsüdöstliche Randland vom Hofer Landkreis. Pilgramsreuth, südlich von Rehau, war die erste Station.

Wir gingen zu einem Hügel, auf dessen Buckel eine Hallenkirche stattlich wirkte. Am Zaun blühten gelbe Rosen. Der Freund besorgte den Schlüssel. Im Inneren schaute uns ein Moses als Kanzelträger an. Sogleich war alttestamentarische Atmosphäre da: Der Mann, der ureinst die Tafeln mit den für immer verbindlichen Zehn Geboten dem Volk hinhielt, trägt hier die Kanzel zur Verkündigung.

Vergleichbares hatte ich schon anderswo gesehen; nun schaute ich zum Altar des Elias Räntz – doch auch das war es nicht, womit mich der Freund überraschen wollte.

Erst als ich mich umsah, gewahrte ich das Besondere, das Eigenartige: Die Felder der hölzernen Sitzbankeinfassungen, des Pfarrstuhls und der Empore waren mit Bildern ausgemalt. Zwar waren wir in Pilgramsreuth, aber eigentlich waren wir jetzt mit einem Schlag in der Welt des Alten Testaments.

„Die hundert Bilder an Emporen und Gestühl wurden 1716 von H.J. Schertel und H.M. Loh fertiggestellt", sagte der Freund: „Es sind 36 Bilder an den Emporenbrüstungen und 12 Bilder an den sogenannten Weiberstühlen, sowie 52 Bilder am Pfarrstuhl und an den Männerständen..."

Ich zählte nicht. Ich schaute. Ich erkannte wieder: Ein Zyklus zeigt Szenen aus dem Leben Jesu – beginnend mit der Verkündigung an die Hirten, endend mit Gethsemane. Der andere Bilderzyklus beginnt am Pfarrstuhl mit der Erschaffung Adams und endet mit dem versuchten Tempelraub durch Heliodorus, wovon ich gar nichts mehr wußte.

Merkwürdig: welche Szenen und Bilder man für immer weiß aus erster Lektüre der Heiligen Schrift – und welche unbekannt geblieben sind...

Zunächst also acht Bilder aus dem ersten Buch der Bibel, der Genesis...

Dann Jonas in seinem Walfisch... Den kennt man; der war ein paar Tage in einem Fischleib – und schon verschlingt einen selber biblische Finsternis: Warum war denn dieser Jonas in einem Fisch?

Der Freund hatte, schlauerweise, eine Bibel dabei – und angesichts des Meerschäumenden las ich jetzt, mit neuen Augen, jene Geschichte des Jonas, der sich zunächst einem Auftrag Gottes verweigert. Bald weiß dieser Jonas, daß der aufkommende Sturm Strafe für sein Auskneifen ist; wie eine Opfergabe läßt er sich in die Sturmsee werfen – und dann schickte der Herr „einen großen Fisch"...

Und jetzt, angesichts der Bilder in Pilgramsreuth, überwechseln in eine andere Verdeutschung des Alten Testaments: in die von Martin Buber... „Mich hatte der Strudel geworfen ins Herz der Meere, mich umringte der Strom, all deine Brandungen... Die Wasser umtobten mich bis an die Seele, mich umringte die Wirbelflut..."

Merkwürdig: wie diese Maler von einst solche Urelemente sich noch vorstellen konnten...

Der Bayreuther Hofmaler Schertel übersetzte das Meerswüten in Farben.

Wie dieser Jona im Finsteren des Fischleibes zur Besinnung kommt... Wie er dann nach Ninive geht und den Bewohnern gräßliche Strafen androht... Tatsächlich kehrten sie um von „ihrem bösen Weg", und seltsamerweise: „das erboste Jonas"... Und wie nun Gott selber reut, was er da angedroht hat... Und Jona, darüber nun erst recht ergrimmt, erfährt als Selbstgerechter etwas ganz Wundersames: Gott beschämt ihn... Dieses alttestamentarische Streiten zwischen Mensch und Gott... Wie da ER selbst gesteht, daß ihn die Menschen dauern, die „zwischen rechts und links nicht wissen zu unterscheiden..." Bezaubernde Bibelbilder in Pilgramsreuth: Wie sie aus schwer verständlichem Text eine Geschichte zu Bildern zusammenfassen, und also einleuchtend machen...

Dieser deftig deutliche Zugriff der Bilder...

Im nahen Wirtshaus haben wir uns alsdann gelabt – und dann fuhr mich der Freund nach Regnitzlosau.

Was ich jetzt, nördlich von Rehau, zu sehen bekam, war jede Reisemühe wert, denn augenblicklich verwandelte sich das Kirchenschiff zu einem Bilder-Galerie-Träger. Dergleichen hatte ich noch nie gesehen und schon gar nicht erwartet, hier im Hofer Land. Nicht nur die Einfassungen der Sitzbänke waren mit bemalten Feldern versehen, sondern auch die erste Etage der umlaufenden Empore – und darüber gesellte sich als drittes Bilderband die zweite Empore dazu – alle Felder mit einem hellen Weiß eingefasst.

Wundersame Steigerung alsdann an der Decke: die Kassettendecke bildet, Feld an Feld, das Himmelsdach dieser Kirche – in ovalen Rahmungen leuchtet Szene an Szene.

Wundersam ist diese Überraschung von Regnitzlosau... Die Arbeiten der Hofer Kirchenmaler blieben im Verlauf der Jahrzehnte unangetastet.

Das Wundersame ist die zugrunde liegende Idee: Menschen, die in die Kirche kommen, die Heilige Schrift als eine ganze Welt vor Augen zu halten – für den Fall, daß man's während eines ganzen Lebens doch nicht schafft, die Bibel einmal ganz zu lesen...

Dieser tollkühne Versuch, in einer Dorfkirche eine Bilderhaut zu schaffen, die eine Ahnung vom Ganzen der Schrift gibt.

Diese Übersetzungen von Szenen aus der Bibel in Bilder... Der Freund sagte: „Die Emporenbrüstungen hat Nikolaus Walther, ein Meister aus Hof, zwischen 1744 und 1747 gemalt..."

Hier, dachte ich, kann ein Gottesdienst nie langweilig werden; hier hat jeder hinreichend Bilderspeise für seine Augen...

Der Sprachstrom der Bibel ist zu Bilderseen gestaut. Die Auswahl an einprägsamen Szenen ist zusammengewoben: zum

Heiligen-Bilder-Teppich von Regnitzlosau. Ich ging an den Bildern entlang. So geht man vielleicht nie durch eine Ausstellung. Wie sich hier ein Bild mit dem anderen verträgt... Ich ging auf die Emporen und schaute zu den gegenüberliegenden EmporenBilderFeldern. Dann schaute ich hinauf in den Bilderhimmel... Gewiß waren da verschiedene Maler am Werk gewesen, doch das war jetzt gleichgültig.

All diese Bilder bilden ein Ganzes: Den BibelEinblick von Regnitzlosau.

Wie wenn da die Maler, eigenmächtig, alle Wortspreu vom Bilderweizen getrennt hätten...

Als diese Bilder gemalt wurden: ganz klar, daß die meisten Kirchgänger seinerzeit kein Geld hatten, sich eine ganze Heilige Schrift zu kaufen, und vermutlich hätten sie die ja gar nicht lesen können...

Was für eine Bilderfülle in einer solchen „Armen-Bibel"... Nahm so eine Bilderbibel, deren Szenen man sich von Sonntag zu Sonntag immer besser einprägen könnte, nicht auch die Last einer Überfülle, wenn man sich vorstellt, wie undurchdringlich doch anfangs die Welt der verschiedenen Bücher von Altem und Neuem Testament ist...

Am besten wär's jetzt gewesen, wenn wir ein Fernglas dabeigehabt hätten – um nicht nur die Bilder genauer zu erkennen, sondern um auch die hineingeschriebenen Stellenangaben auf Anhieb nachschlagen zu können...

Eigentlich überfiel mich jetzt Beschämung: denn die meisten Stellenangaben konnte ich ja gar nicht zuordnen. Doch alsbald wich die Beschämung – ich wußte ja, daß dieses Große Buch langmütig ist und auf die rechte Lesestunde wartet.

Vielleicht war diese Stunde in Regnitzlosau auch eine Initialzündung: Die ganze Heilige Schrift einmal in einem Zug durchzulesen – und dann dieses Meer mit den höchst unterschiedlichen Schiffen der verschiedenen Übersetzungen zu befahren, zu entdecken...

Bald darauf fiel dieser oberfränkische Bildersamen auf fruchtbaren Grund bei mir; zum Geburtstag, 1987, bekam ich von meiner Frau eine Ausgabe der „Zürcher Bibel", die ich mit ihrer Klarheit zu schätzen begann.

Bald schlossen sich „Elberfelder Bibel" und die „Neue Jerusalemer Bibel" an; mit „Septuaginta" und „Vulgata" weckte ich das schlummernde Altgriechisch und das Latein auf... Ich verglich die Lutherbibel mit katholischen Geschwistern. Und als ich das UrDeutsch von Martin Bubers Altem Testament langsam las, da ging mir manches bislang Verborgene erst auf.

Zuweilen entsann ich mich, wie Ernst Jünger während des Zweiten Weltkrieges in seinen Tagebüchern festhielt, was ihn während seiner ersten GanzLesung der Heiligen Schrift ansprach – er benutzte damals die „Menge-Bibel".

Wundersame Entdeckungen: selbst einmal in einem Zuge, in regelmäßigen TagesLeseEtappen, das Neue Testament als ein Ganzes in sich aufzunehmen... Ich begann damit am 11. November 1993 – und am 8. April 1994 war ich dann durch: mit der frischdeutschen Übersetzung von Fridolin Stier.

Mir wurde dabei auch dies bewußt: wie verschieden all diese sprachlichen Aneignungsversuche sind – immer übersetzt dieses Menschenwerk Gottes Wort. Und sobald dieses Buch gelesen und aus ihm vorgelesen wird, dann ist ER da. Die Bibel ist Gottes Offenbarungseid.

Es kann in solchen BibelAnschau-Lesestunden geschehen, daß einem plötzlich klar wird: das ist kein Buch mit ein paar klugen zitierfähigen Sätzen – das ist Gottes Zuwendung zu allen Menschen – und Du bist mit jedem Satz angesprochen und gemeint, und damit natürlich auch eines jeden Verhältnis zur Welt. Und so verschiedene Ebenen in all diesen Büchern, die als Ganzes auch ein Buch der Bilder sind: von der Erlösungszuversicht bis zum mitunter Aberwitzigen – und zwischendurch auch das handgreiflich Praktische, das sich auf der Stelle anwenden läßt: „Es gibt nichts Besseres, als daß der Mensch fröhlich sei bei seinem Tun..."

Merkwürdig, nicht wahr: was es für Türen in Neuland geben kann – mitten im Hofer Land, unter dem BibelBilderHimmel von Regnitzlosau...

Den Schluß unserer Reise zu den „Gemalten Bibeln" bildete ein kleiner Ort mit seinem bescheiden wirkenden Kirchlein: Kirchgattendorf.

Inzwischen liegt ein feines Porträt dieses Dorfes vor: eine der berühmten „Heimatbeilagen" zum Oberfränkischen Schulanzeiger, finanziert von der Oberfrankenstiftung – sein Autor ist, wie könnt´s anders sein, Erich Walter... Seine Quersumme ist ein Dorflob, samt „Hohlfuhre" und Höfen mit heimischem Hühnergegacker.

Damals sperrte uns ein junges Mädchen auf, und wir besahen uns die einzelnen Malfelder an Empore und vor den Sitzbänken; auch da Szenen aus dem Alten Testament... Und wie hernach dieses Mädchen wieder verschwand: im Genist seines Bauernhofes...

Jetzt, so scheint mir, leben wir schon wieder in einer anderen Zeit – die Schuhlöffel zum Einstieg in die Bilderwelt der Bibel scheinen verlegt; es mutet zuweilen an, als mieden viele Menschen diese Welt – als wären sie mit Freizeitproblemen ausgefüllt, als wäre ihnen das MaßstabsKlare der Bibel eine Zumutung...

Als wir damals von diesem Bibel-Kirchen-Dreiklang zurückfuhren, durch das weit ausschwingende Land zwischen Frankenwald und Fichtelgebirge, da schloß ich die Augen und hörte eine Musik, die Helmut Süßmann nun in sein Autoradio eingelegt hatte; es war die „Karelia-Suite" des finnischen Komponisten Jean Sibelius. Mir war, als träfe die Stimmung dieser Musik auch den Charakter dieser nordostoberfränkischen Landschaft.

Eine der schönsten Kirchen Bayerns steht in Pilgramsreuth bei Rehau. Bereits 1473 war der Bau des Langhauses abgeschlossen, dieser Zeit wird auch die Entstehung der Wandmalereien zugeordnet, von denen 16 Motive freigelegt sind. Der Altar, in den Jahren 1710-1711 von Elias Räntz geschaffen und die Mosesfigur als Kanzelträger sind bedeutende Sakralkunstwerke. Bemalte Emporbrüstungen, ein Taufstein aus dem 15. Jahrhundert und die spätgotischen Holzfiguren mit Maria, Katharina und Barbara machen den Besuch dieses Gesamtkunstwerkes zu einem unvergeßlichen Erlebnis.

1. Ich bin der HERR dein Go
2. Du solt den Nam men des HERRN deines GOttes nicht ver geblich
4. Du solt dei nen Vater
5. Du solt nicht todten
6. Du solt nicht Ehebrechen
7. Du solt nicht stehlen
8. Du solt nicht falsche Zeu
9. Du solt nicht

Die Kirche von Kirchgattendorf überrascht mit bemerkenswerter Ausstattung. Bereits 1460 ließen die Ritter von Sparneck das Gotteshaus in prachtvoller Gotik ausstatten. Der lebensgroße Kruzifixus mit menschlichem Haupthaar stammt aus dieser Zeit. Gett von Sparneck stiftete im Jahr 1509 das wertvolle Chorgestühl mit Schablonenbrandmalereien und einem Holzgraffito vom Sparnecker Wappen.

Wahrzeichen und Schmuckstück ist die Markgrafenkirche in Regnitzlosau. Bewundernswert ist die reiche Ausstattung mit Kassettendecke, Taufengel und vergoldetem Kanzelaltar.

Die Wehrkirche in Köditz geht auf einen Wiederaufbau im Jahr 1637 zurück.
In der Folgezeit fanden mehrere Renovierungen statt, die zum heutigen Bild mit wehrgangartigem Zugang, Holzportal und Umfassungsmauer führten.
Im Inneren die Kanzel mit Apostelbildern, Wandmalereien im Chor und am Chorbogen von 1641. Altarkruzifix und Taufengel stammen von Nikolaus Knoll und sind im Jahr 1769 geschaffen worden.

Grabstein in der Kirche von Isaar, die ursprünglich Begräbniskapelle der Zedtwitzer war. 1970 wurde die Kirche nach umfassender Renovierung neu geweiht.

Die Issigauer Pfarrkiche St. Simon und Judas mit ihrer Kassettendecke, die auf 66 Tafelbildern – in Öl auf Holz gemalt – biblische Szenen zeigt. Vermutlich wurden diese um 1712 von einem Hofer Künstler gemalt. 1971-73 wurde der Kirchenbau vollständig restauriert.

Die Selbitzer Kirche (Bild rechts) wurde 1367 erstmals beurkundet. Ältestes Kunstwerk darin ist das Altarkreuz von 1644. Im Jahr 1722 wurde der Taufengel und drei Jahre später der Barockaltar mit dem zentralen Christuszeugnis und einer Dreifaltigkeitsdarstellung der Ostersonne von Johann Nikolaus Knoll geschaffen. Hinter dem Altar die Heidenreich-Orgel von 1768.

Die Jakobuskirche in Geroldsgrün gründet auf einer Kapelle, die zwischen 1014 und 1020 existiert haben soll. Im Jahr 1740 entstand der 37 Meter hohe Kirchturm. In der Mitte des 18. Jahrhunderts wurde das Gotteshaus im Barockstil umgestaltet; mit Kanzelaltar von Wolfgang Knoll und einem vergoldeten Taufengel an der Wand. (Bild links)

Zwei Kirchen ganz besonderer Art sind in Bad Steben zu bewundern. Die Lutherkirche (Bild oben), 1908-1910 erbaut, ist eine individuelle Schöpfung mit Elementen des Jugendstils. Die Raumordnung hat romanisch-byzantinische Vorbilder. Erstmalig wurde bei diesem Kirchenbau die damals neue Stahlbetonbauweise angewendet.

Die alte Wehrkirche St. Walburga (Bild rechts) wurde 1250-1300 erbaut. Die wertvollen Fresken im gotischen Chorgewölbe wurden um 1510 geschaffen. Sie zeigen das Jüngste Gericht, Bilderfolge der Passion Christi vom Einzug in Jerusalem bis zur Grablegung.

MEINE URKIRCHE AUS KORSIKA: „MURATO"

Ins „Frankenwälderische" verwandelt

von Otto Knopf

Was hat eine Kirche aus Korsika im Hofer Land zu suchen? Auf diese berechtigte Frage eines Lesers gibt es eine Antwort, die mit dem „querfränkischen" Miteinander zu tun hat.

1997 hielt ich mich auf Korsika auf. Im Norden der Insel im Mittelmeer faszinierte mich eine ganz einfache Kirche, buntgebaut aus weißem Marmor und grünem Serpentin. Das Kirchlein steht auf einer Paßhöhe, von der aus das Mittelmeer im Osten wie im Westen zu sehen ist. Das Gotteshaus wurde um 1200 von pisanischen Eroberern errichtet, die im romanischen Stil bauten. Angesichts dieser hinreißenden Einfachheit sann ich darüber nach, mit welchen inneren Kräften damals so ein Haus der Gemeinschaft für den Gottesdienst errichtet worden ist – und daraus entstand dann ein Hymnus an die Kirche: also an all das, was immer zum Wesen eines solchen Gebäudes gehört, egal wie sich Menschen und Zeiten wandeln.

Das „Erzählgedicht" lebt mit seinem „dynamischen Beharren": nach der Einleitung beginnt jede Passage mit dem „Hier" („Hier haben wir keine Angst..."). Zu Pfingsten 1998 erschien die erste Fassung in der Nürnberger Zeitung, ein Jahr später lag die erste broschierte Ausgabe vor; ihr folgten eine französische und italienische Ausgabe; die polnische Übersetzung wurde mit anderen meiner ins Polnische übersetzten Texten erweitert (als eine „lyrische Brücke" nach Polen). In Vorbereitung sind Ausgaben in Tschechisch, Ungarisch und Ukrainisch.

Und dann ergab sich anläßlich eines Gottesdienstes in der evangelisch-lutherischen Kirche von Linden bei Markt Erlbach die Möglichkeit, den hochdeutschen Text auch in meiner inzwischen selber entworfenen „rangau-fränkischen" Fassung vorzulesen. Ich erlebte dabei wieder einmal, wie man mit „Umgangssprache" näher an die Herzen der Menschen heran kommt...

Und dann dachte ich: Wenn mein „MURATO" sich nach und nach in die verschiedensten SprachVarianten Europas verwandelt, dann sollte es dafür doch auch ganz freie „Anverwandlungen" in den deutschen Sprachlandschaften geben...

Gedacht, getan, ich schickte „MURATO" nach Helmbrechts, und es dauerte nicht lange, da kam eine hinreißende oberfränkische Variante zurück: Otto Knopf hat aus dem korsischen „MURATO" ein köstliches Stück „Frankenwäldlerischer" Poesie gemacht, das hier als Knopf´sche Schramm-Adaption zu lesen ist: als Zeichen mittel-ober-fränkischer Verbundenheit mit besonderem Dank an den Nachdichter Otto Knopf aus Helmbrechts.

Dorfkirche und Friedhofskapelle in Marlesreuth

GEDANKN EJBER MURATO AFF FRANKNWÄLDLERISCH

Murato – des klingt wej ganz weit wägg.
Scho der Nooma is uns fremm;
es haaßt niet Maorles odder Mordlau,
niet Melldorf odder Marhuuf –
Murato is wos ganz Annersch.

Ejch heer es Meer rauschn,
die Felsn steing auf himmlhuuch,
dass ann änderesch wärd
in dera Wildnis.
Gaouchärr kännsta wäärn,
wenns blitzt und dunnert,
wenn die wildn Viecher beekn
und Seeraiber ihr Feierla schiern
in aaner finstern Schlucht.

Obber halt! Murato –
des hot wos mit Mauern ze doo!
Weiß Gott, daou hammsa doch
vor aochthunnert Jaohrna
a Kärng gebaut afferen Felsn,
dassa affs Meer schaua konntn
hejm und drejm
und näher aom Himml waorrn.

Sej waorrn sich alla aanich:
Daou senn mir gout aufghuum,
wej die Kückn unter dr Glutzhenna,
daou treffm mir uns jedn Sunntich
und laoudn alles aou,
wos uns es Läim schwer macht:

Ärbet, Hunger, Ärcher und Angst
und den ganzn Jammer,
dass mer niet ei und aus wissen. –
Jawoll, daou wärd gfeiert,
gsunga und gebätt,
mitenanner gessn und getrunkn.

Daou kneja mir nejder
und lauschn aff des,
wos der uns ze saoung hot,
der huuch ejber uns wohnt
und trotzdem in uns nei will
mit Bruut und Wein ben Aomdmaohl.

Und aff aamaoll wärd uns
des Murato ganz naoh.
Des kännt jo aa Helmetz haaßn,
walls daou ähnlich zouganga is:

Wej dr Kaiser Heinrich dr Zweit
mit seiner Fraa, dr Kunigund,
vor tausnd Jaohrna regiert hot,
ze dera Zeit sells gewäisn saa,
daou waorr unner Haamet
a aanzicher Urwaold.

Afferen ganz schmaoln Stäichla
is a Soldaot daouherkumma.
Helmbrecht waor sei Nooma –
der im Helm Glänzende.
Der hot mittn in dera Wildnis
en Raiber besiecht
und alles, wos der zammgstulln hot,
zenn Kaiser aff Bamberch gschafft.

Ja, der Helmbrecht waor tapfer –
und einen Glaam hot der ghatt!
Der hot sich a Haisla gebaut
mittn in dera Wildnis
und a scheena Kapelln
ejber en heilkräftinga Brunna.

Vell Menschn senn kumma,
hamm die Buutschaft gheert,
hamm vo den Wasser getrunkn
und senn gsund woorn. –
Näiber dera Kapelln
is späiter unner Kärng entstandn.

Heint is nuch wej daomaols:
Aon dera Stell
kumma mir alla Sunntich zamm,
die Gruußn und die Klann.
Mir trinkn aus ann Kelch
und krejng drbei inna,
dass mir alla zammgheern.

Aon dera Stell
kriggsta Mout und Zouversicht,
wenn es Gebäit aufstäggt
wej dr Raach vo die Erpflfeierla
draußn affm Feld.

Aon dera Stell
wärrn kaana gruußn Sprich gemacht.
Mitenanner saoung mersch,
wej Kinner ihrn Vaodder oobettln:
Herr, erbarm dich!

Daou ward es Herz frei
und die Zunga lucker.
Dr Glaam lesst uns singa
ze Orgl und Posauna:
Großer Gott, wir loben dich!

Dr Himml wärd weit
und die Äärn ganz klaa.
Wärklich –
Murato ko ejberaoll saa!

Otto Knopf

BÜRGERNAH & SOZIAL

Das Landratsamt in Hof ist das Verwaltungszentrum des Landkreises. Als moderne Dienstleistungsbehörde ist diese Einrichtung mit ihren Mitarbeitern für den Bürger da – und nicht umgekehrt. Viele Bereiche der kommunalen Aufgaben werden von hier aus organisiert und delegiert.

Landratsamt in Hof

STAATLICHE TEXTILFACH-
UND-INGENIEURSCHULE

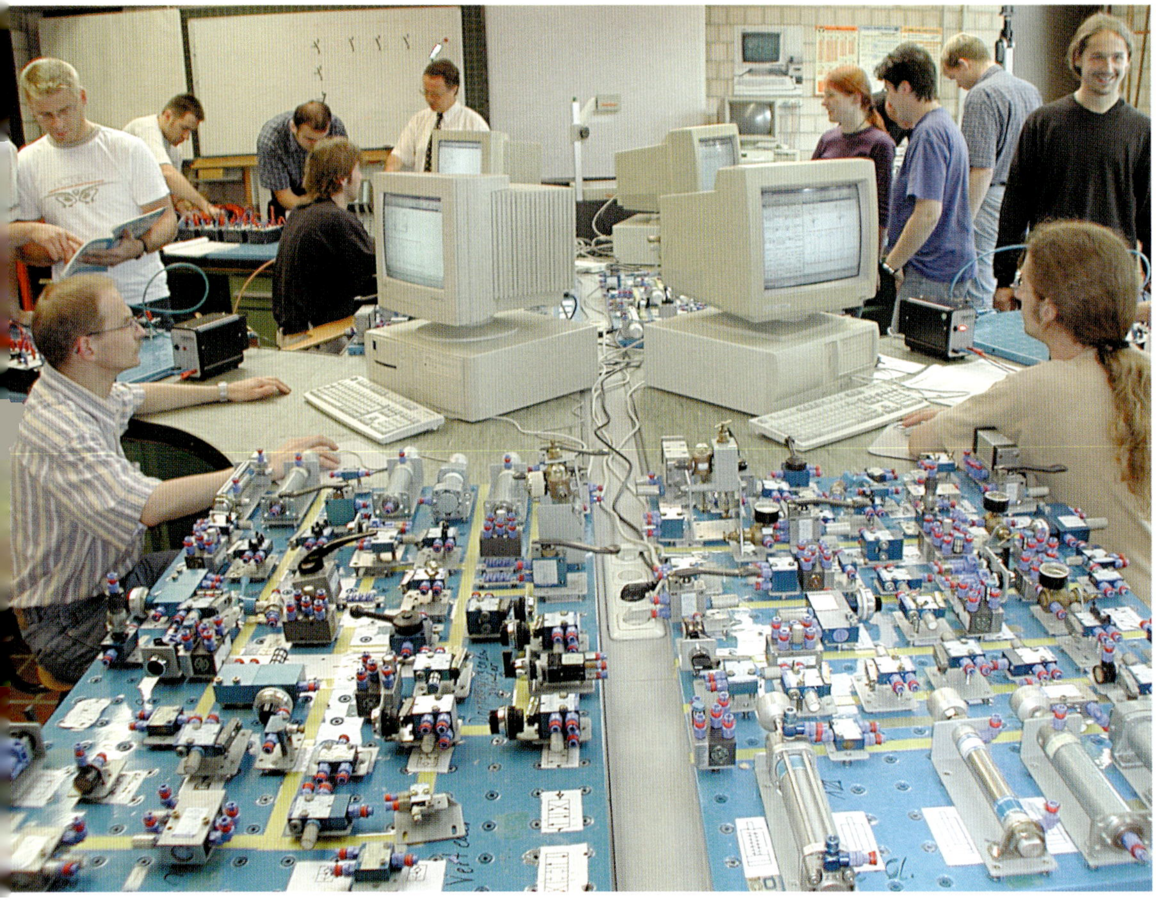

Das Netz der Schulen erstreckt sich über den Landkreis Hof flächendeckend. Grund- und Hauptschulen, Realschulen, Gymnasien, Berufsschulen und Fachhochschulen bieten ein breites Bildungsangebot.

Bilder von links:
Portal der Textilfachhochschule Münchberg.
Berufsfachschule Ahornberg.
Berufsschule Naila.
Staatliche Fachschule für Bekleidung in Naila.
Kreis-Fachschule für Kunststofftechnik Rehau.
Fachhochschule Hof.

Die Einrichtungen und Institutionen im Lankreis sind vielseitig und flächendeckend.
In modern ausgestatteten Rettungsdiensten und Feuerwehren, bei Müllentsorgung und Kompostierungsanlagen, bei Straßen- und Winterdiensten tun zuverlässige Mitarbeiter rund um die Uhr ihren Dienst.

Der Landkreis Hof unterhält zwei Kliniken. Mit erheblichem Aufwand wurden in letzter Zeit die Kreiskrankenhäuser in Münchberg und Naila erweitert, sowie baulich und medizintechnisch auf neuesten Stand gebracht.

Bild links: Kreiskrankenhaus Naila
Bilder unten: Klinikum Münchberg

Münchberger Senke der Autobahn Berlin-München A9

WELTOFFEN & ZENTRAL

Der Landkreis Hof ist bestens mit der Welt verbunden. In Bayern ganz oben, im Dreiländereck Thüringen, Sachsen und Böhmen ist der nördlichste bayerische Landkreis wieder da wo er auch historisch gesehen schon immer war: im Herzen Europas, im Schnittpunkt der Achsen Frankfurt–Prag und Berlin–München. Weltoffen und günstig gelegen, etwas abseits vom Boomtown-Rummel der Metropolen aber mittendrin im neuen Europa. Zukunftsorientiert und mit beständigen Werten seiner Zeit weit voraus.

BRÜCKENRASTHAUS FRANKENWALD

Dresden
Chemnitz
Plauen
Regensburg
Prag/Praha

Der Landkreis Hof hat sich auch verkehrsmäßig fit gemacht für die Zukunft.

Drei Autobahnen verlaufen durch den Landkreis: Die A93 von Regensburg mündet am neugebauten Hochfrankendreieck in die A72 nach Plauen und die A9 Berlin-München durchzieht von Rudolphstein an der Saale bis weit hinter Münchberg das Land.

Die Bundesstraße B173 ist eine wichtige Verkehrsachse von Hof über den Frankenwald nach Kronach. Nahverkehrszüge der Strecke Hof-Bad Steben in Selbitz und Fernverkehrszug auf der Strecke Nürnberg-Chemnitz bei Döhlau. Der Flughafen Hof-Plauen verbindet schnell mit Linienflügen nach Frankfurt/Main und in die Welt.

Die Verkehrsbauwerke sind aus ihrem Dornröschenschlaf während der deutschen Teilung erwacht. Mit außergewöhnlichen Baumaßnahmen wurden diese wichtigen Verkehrswege modernisiert und für die Zukunft fit gemacht.

Die Granitbogenbrücke der Autobahn Berlin-München hat eine moderne Betonschwester bekommen, die sogenannte Fahrbahn Ost. Auf sechs Spuren verläuft jetzt der Verkehr über die Saale, die hier die Grenze zu Thüringen bildet.
Am Autobahndreieck Bayerisches Vogtland trifft die Autobahn A72, von Chemnitz und Plauen kommend, auf die Autobahn A9 von Berlin nach München. Das Autobahndreieck ist damit eine wesentliche Nahtstelle im Nord-Süd und Ost-West-Verkehr geworden.

KLEINE LANDSCHAFTSSKIZZE MIT KÖPFE-STERNEN

Jakob Wassermann, der 1873 in Fürth geborene deutsche Schriftsteller jüdischer Herkunft, hielt 1933 in Wien eine Rede, die Geständnis und Bekenntnis zugleich war: „Meine Landschaft, äußere und innere".

Jakob Wassermann gesteht seine Prägung durch Fürth – und die dazugehörige Erweiterung durch Nürnberg. Er war der Überzeugung, daß „die Dichter eine Art geistiger Eroberer sind". Er verstand Landschaft nicht als Rahmen – sie werde zum Wesen; er liebte Heimat und wußte, daß es auch Wahlheimat geben kann; nachdem er sich in Altaussee, im Gebirge der Steiermark niedergelassen hatte, bekannte er: „diese Landschaft wurde mir zum Freund wie einem ein Mensch zum Freund wird, nach jahrelanger Erprobung…"

Ähnliches kann ich über mein Verhältnis zu Oberfranken sagen. Zuweilen blitzen über der Landschaft jene Sterne auf, die mir in Menschengestalt hier begegneten.

Wie bemühten sich um den Frankenwald und seinen Verein der einstige Bürgermeister aus Naila, Robert Strobel, und mein seinerzeitiger Verleger Helmut Süßmann, der mich 1988 mit Reinhard Feldrapp zusammenbrachte, so dass wir damals ein erstes gemeinsames Buch machten.

Aus dem seinerzeitigen Feldrapp´schen Wohnort, aus Issigau, brachte ich als Geschenk einen herrlichen DiabasStein mit – ausgehöhlt als Wasserbecken, das (damals sauschwer ins Auto zu schleppen!) längst als oberfränkische Vogeltränke in unserem rangau-fränkischen Dorf-LusamGärtlein dient. Ab und zu sehe ich ein Buch mit Porträtfotos an, das mir Reinhard Feldrapp als „Maßstab" geliehen hat. Wie anrührend, als mir der Fotografenfreund in seinem „Naala" das Großvaterhaus zeigte und erklärte – das er nun zum Erhalten und Weiterleben gerettet hat... Und in seinem Vorgärtlein dieselben Diabassteine – als BrunnenKaskadenBecken…

Was für eine GestaltenFülle im Rotary Club „Hof-Bayern" – von da aus ging mir die „VerstehTür" auf für die Kammgarnweberei C.F. Weiß in Helmbrechts…

Gerne lese ich die Kulturberichte von Ralf Sziegoleit. Ich freue mich mit an der Besorgtheit um das Werk ihrer Malermänner bei den Ehefrauen von Karl Bedal und Adrian Senger.

Und wenn ich das Signet der „SchmidtBank" sehe, denke ich an das couragierte Engagement für die zeitgenössische Kunst: in der Gestalt von Karl-Gerhard Schmidt. Es lohnte sich gewiß einmal, den ArchitekturAkzenten nachzugehen, die diese Bank in Oberfranken mit ihren Neubauten gesetzt hat…

Und wenn der Name Feilitzsch fällt, erinnere ich mich mit Freuden an einen Waldgang mit Alexander Freiherr von Feilitzsch, der als „vogtländischer Heimatvertriebener" im Staatsforst um Neustadt an der Aisch arbeitet und mir dabei die schwierige Balance zwischen „ForstSchutz und ForstNutz" deutlich machte…

Ein Waldgang der besonderen Art war es, mit dem „Wald-Bürgermeister" Wagner über klare Gemeindeentscheidungen zu reden – während unseres Aufenthaltes in Transkarpatien.

Schön auch, mit Wilfried Anton über Konzerte nachzudenken, die mit Klängen und Texten Brücken schlagen ins NachbarBöhmische…

Oder wenn Claus Henneberg über die Problematik spricht: was man in einer Autobiographie nennen und erwähnen könne – und was nicht…

Dazu das langjährige „Doppelgestirn" von Bezirkstagspräsident und Regierungspräsident…

Und als einmal hier oben ein noch junger evangelischer Pfarrer, inzwischen Regionalbischof, in einem Verein Fußball spielte und ein älterer Mitspieler plötzlich umfiel und nach dem Krankenwagen alsbald das Leichenauto kam: da ließ er den toten Sportkameraden nicht so ziehen – in Sportlerkluft nahm er die Aussegnung vor und setzte so ein Zeichen gelebten Glaubens.

KöpfeSterne über einem Land... Und dabei ging mir auch auf, daß vieles, was hier an „Vergangenheit" bewahrt wird, keineswegs eine „Vergangenheits-Konserve" ist, sondern ein Symbol von ungebrochener Vitalität.

EIN VORMITTAG MIT DER „LANDESZEITUNG"

Ich lese wahnsinnig gerne Zeitungen. Sie geben mir ein viel farbigeres Bild von der Welt als das kurzatmige Bildergulasch von Fernsehnachrichten. Was ich schon seit Jahren auch an Italien mag: das sind die Lokalen Zeitungen, die bei allen Weltberichten doch stets ihr Verbreitungsgebiet als den „Nabel ihrer Welt" besonders im Auge behalten. Nun, nicht nur Italien hat ein ausgeprägtes Regionalbewußtsein – auch in Deutschland gibt es, gottlob, noch immer eine Fülle von „LandesZeitungen".

Unter ihnen ist mir die „Frankenpost" aus Hof seit Jahren vertraut – auch wenn ich selbstverständlich nicht ihr Abonnent bin. Aber wenn ich für einige Zeit im „FrankenpostLand" bin, dann gehört ihre Lektüre zum zweiten Frühstück.

Ich wundere mich jedesmal aufs Neue: wie genau, wie übersichtlich und wie „landnah" so eine Zeitung sein kann. Und nicht ohne Neid stelle ich nach unzähligen Lesungen im Lande fest: Was bei den größeren überregionalen Tageszeitungen entweder kurz abgefertigt oder gar nicht erwähnt wird, das wird in den Lokalzeitungen zumeist mit einer objektiven Gründlichkeit dargestellt, daß man seine Freude daran haben kann; in der Regel sind das mit Stolz zitierfähige Beiträge.

Also wieder einmal ein Tag im „FrankenpostLand"… (Diesmal ist's die „Münchberg-Helmbrechtser Tageszeitung"). Die Titelseite meldet die „IG Metall in der Zerreißprobe", die „siamesischen Zwillinge" sind in Singapur gestorben und ein besonders schlauer Fuchs legt nach „Fehlern alle Ämter nieder" – und schon bin ich, auf der ersten Seite, mitten im Hofer Land: Wo die Arbeitslosigkeit im Bezirk Hof momentan bei 11,2 Prozent liegt – im oberbayerischen Freising aber nur bei 3,9 %.

Auf der Dritten Seite lese ich zu meinem Vergnügen, daß das Akkordeonorchester Hof als „musikalischer Botschafter" im „Jerusalem Europas", also in der bosnischen Hauptstadt Sarajewo zu Gast war… Was für schöne VerbindungsWeberei zwischen dem Hofer Land und Europa…

Trotz aller Geldprobleme: Die „Oberfrankenstiftung" vergibt auch heuer wieder ihre Preise – in einem Gesamtvolumen von 30.000 Euro, und der Regierungspräsident Hans Angerer strahlt

Zuversicht aus: „Es macht Spaß, Gutes für Oberfranken zu tun".

Was für ein hübscher Einfall auf Seite 5: Zwei entzückende Spalten über ein kleines Städtchen... Ich hatte es glatt vergessen, daß der berühmte Romantiker Wilhelm Wackenroder mit seinen „Herzensergießungen eines kunstliebenden Klosterbruders" (1797 erschienen!) seinerzeit auch in Naila war, und schon 1970 wurde die schöne „Pfingstreise von 1793 durch die Fränkische Schweiz" neu herausgegeben vom Verlag Wilhelm Saalfrank in Helmbrechts. Erfreut und dankbar für diesen Hinweis schaute ich daheim in meiner Bibliothek nach – und siehe da: Die Saalfrank´sche Ausgabe aus Helmbrechts stand da, hübsch bebildert, neben zwei anderen Bänden dieses Autors...

Aufmerksam lese ich, daß es anstelle der einstigen „Zonenrandförderung" nun doch so etwas wie ein „Grenzgürtelprogramm" geben soll...

Unterdessen waren Schüler aus einer Kleinstadt aus Litauen in Münchberg zu Gast... Wieder so ein oberfränkisch-europäischer VerbindungsWebfaden...

Ich lese vom Geburtstag des Münchberger Fischereivereins und daß in Gefrees die Verbindung von Volksmusik und Mundart ihre reichlichen Zuhörer fand...Und das „Wiesenfest Gefrees" sei wieder einmal ein „tolles Erlebnis" gewesen...

Die Seiten für den Landkreis Kulmbach überschlug ich – um dann wieder einmal zu staunen über die große Spannweite auf dem „Schauplatz Kultur": zwischen Dresden, Berlin und Selb ein gründlich ausführlicher Bericht über ein Kirchenkonzert in Pilgramsreuth...

Dann wurde das Team des „VfB Helmbrechts weiter verjüngt" – ich werde also die Daumen drücken: auch daß uns diese regionale Zeitungsvielfalt als etwas Unersetzliches erhalten bleibt.

Blick vom Aussichtsturm der Schüssel auf dem Großen Waldstein ins Fichtelgebirge.

In einer Weberei

MENSCHLICH & MODERN

Im Landkreis Hof ist Zukunft Gegenwart. Innovative und gesunde Unternehmen prägen das Wirtschaftsbild. Groß genug fürs Globale, klein genug fürs Bodenständige. Täglich praktizieren diese meist mittelständischen Firmen Unternehmenskultur für die Menschen und für die Region. Denn hier laufen die Fäden zusammen. Hier werden Verbindungen geknüpft, die Bestand und Qualität haben. Der Landkreis gehört seit Beginn der Industrialisierung zu den wirtschaftlichen Traditionsregionen Bayerns. Einfallsreichtum, Zuverlässigkeit und die Leistungsbereitschaft der Menschen bilden hier seit Generationen Synergien für Unternehmenserfolge.

Von wegen „Altindustrie"! Am traditionsreichen Textilstandort im Gebiet um Münchberg und Helmbrechts findet Entwicklung und Produktion auf Weltniveau statt. Die Produktpalette ist vielschichtig: Von technischen Textilien bis zu modischen Geweben werden hier in modernsten Ateliers und Betrieben Waren geschaffen, die weltweit gehandelt werden.

Qualität ist
unsere Stär
KNOPF's SO
S4

Industrielle Dimension und modernste Textilproduktion dokumentiert die Färberei bei Knopf & Sohn in Helmbrechts.

Durch die Öffnung der Grenzen und wiedergewonnene zentrale Lage ist der Landkreis zum idealen Standort für Logistikunternehmen geworden.
Die Bischoff-Gruppe in Naila nimmt führend mit innovativen Konzepten und einem leistungsfähigen Fuhrpark an dieser Entwicklung teil.

Ein Traditionsstandort der deutschen Lederindustrie ist Rehau. Im Bild die Gerbanlage bei der Lederproduktion.

Die Firma Rosenberger aus Lichtenberg ist mit der Marke „Liros" im internationalen Markt vertreten. Die Qualitätstaue werden mit modernsten Maschinen und Techniken ausschließlich in der Frankenwaldstadt hergestellt.

Viele Unternehmen haben herrliche Industriebauten geschaffen, die eindrucksvoll ein Bekenntnis zum hiesigen Standort sind. Gelungene Industriearchitektur, die man sonst wohl eher in Ballungsräumen vermutet.

Bild oben:
Bürogebäude in Naila.
Bild Mitte von links:
Weber Schauenstein.
Gealan Oberkotzau.
Alukon Konradsreuth.
Bild unten:
Sommer Döhlau.
Bild rechte Seite:
Brühl Bad Steben.

Nicht nur auf der „Grünen Wiese", sondern auch in traditionsreichen Betrieben zeigt sich Unternehmenskultur sympathisch.

Die farbigen Fassaden des Geroldsgrüner Werkes von Faber-Castell dokumentieren eindeutig, daß hier Farbstifte von Weltruhm hergestellt werden.

Die Bogenhallen des Konradsreuther Unternehmens Alukon, einem Hersteller von Rolladensystemen, sind ein Meisterstück innovativer Industriearchitektur. Von weitem sichtbar, fügt sich das Bauwerk auf dem neu geschaffenen Gewerbegebiet harmonisch in die Landschaft ein.

Metallverarbeitende Betriebe sind im Landkreis ein wichtiger Wirtschaftsfaktor und Arbeitgeber zugleich.

Bild links oben:
Bei Fuhrmann Maschinenbau in Rehau sind modernste CNC-gesteuerte Anlagen im Einsatz.

Bild rechts:
Die Firma Liba in Naila stellt Textilmaschinen für alle Bereiche von technischen Geweben her. Die High-end-Technologie aus Naila ist weltweit vertreten.

Bier von hier – lautet ein sinnvoller Werbespruch.
Im Hofer Land gibt es noch viele Brauereien, die klein aber fein nach bayerischem Reinheitsgebot brauen.

Aus den Quellen in Hölle, einem Ortsteil von Naila, kommt der bekannte Höllensprudel. Aus Brunnentiefen von über 260 m wird das gesunde Wasser mit Hightec-Anlagen abgefüllt und von hier aus deutschlandweit verkauft.

Der schonende Umgang mit der Natur wird hier durch die Anwendung umweltfreundlicher Technologie praktiziert.

Vielerorts wird an windgünstigen Standorten – im Bild der Windpark bei Hermesgrün – umweltfreundlich Strom produziert.

Auch bei der Entsorgung von Abwässern ist mittlerweile überall modernste Umwelttechnik im Einsatz. Im Bild die Autobahn Hof-Plauen bei Brunnenthal, mit der Saale und einem modernen Klärwerk.

Produktionsanlagen der Rehau AG in Rehau, die mit ihren innovativen Kunststoffprodukten weltweit vertreten ist. Als größter Arbeitgeber im Landkreis produziert das Unternehmen an mehreren Standorten.

Auch bei Lamilux in Rehau werden auf beeindruckenden Anlagen Produkte aus Kunststoffen hergestellt.

Außergewöhnliche Motive von modernsten Industrieanlagen und Arbeitsplätzen überraschen, bleiben diese dem Passanten doch meist hinter Betriebsfassaden verschlossen.

Bei Serag-Wiessner in Naila wird unter absolut sterilen Bedingungen chirurgisches Nahtmaterial produziert.

Kunstoffverarbeitende Betriebe wie das Unternehmen Gealan in Oberkotzau produzieren innovative Produkte für internationale Auftraggeber. Die Qualität und das Know-How sind auch ein Ergebnis hochmotivierter Mitarbeiter.

Die waldreiche Gegend und die hohe Qualität der Hölzer ist Grundlage für die vielen Sägewerke. Manche haben eine jahrhundertealte Tradition und sind heute erfolgreiche, moderne Arbeitgeber.

An der Rauschenhammermühle im Rodachtal lagert das größte Holzwerk des Landkreises die Hölzer, welche in ganz Deutschland verbaut werden.

Auch die vielen Handwerksbetriebe können sich mit Meisterleistungen sehen lassen. Beispielhaft dafür sind die schiefergedeckten Häuser, wo Harmonie von Naturbaustoff und Handwerkskunst sichtbar wird.

Die geologische Vielfalt der Region überrascht immer wieder mit Gesteinen, die in einigen Brüchen – im Bild der typische Waldsteingranit – abgebaut werden.

Ein Großteil der Fläche des Landkreises wird landwirtschaftlich von bäuerlichen Familienbetrieben bestellt.
Nicht nur damit sorgt die Landwirtschaft für eine wunderschöne Kulturlandschaft wie hier zwischen Edlendorf und Almbranz bei Helmbrechts.

Selbstvermarkter oder moderner Kartoffelanbau, in jedem Fall wird hier Qualität produziert. In der Region – für die Region, lautet die Devise. Viele der Produkte finden so den direkten Weg zum einheimischen Verbraucher.

Wenn Liebe durch den Magen geht, dann gilt dies ganz besonders auch für diese Region. Nicht der Trend hat hier Saison, sondern das Bodenständige. Nicht derb, sondern echt – nicht glitzernd, sondern glänzend bewirten Hotels, Restaurants und Wirtshäuser ihre Gäste. Jeder findet etwas für seinen Geschmack – Schnitz und Baggela, Quärkla, Pressack und Bratwürste sind nur einige typische Speisen in der vielschichtigen Gourmetpalette.

Die vielen Dörfer haben besondere Qualitäten und werden immer öfter auch zum Wohnsitz gewählt. Die Nähe zu einer Stadt und die guten Verkehrsverbindungen machen Leben auf dem Land attraktiv. Die Freude am Wohnsitz und das gute Klima des dörflichen Miteinanders zeigt sich dann auch in prächtig geschmückten Anlagen. Als Preis solcher Bemühungen erhielten beispielsweise Kirchgattendorf (Bild unten links) und Weickenreuth (Bild rechts) Goldmedaillen auf Bundesebene im Wettbewerb „Das schönere Dorf“ .

Flur bei Kemlas im Frühjahr

In Mühldorf bei Leupoldsgrün

Radler zwischen Stammbach und Zell

FREIZEITLAND

Ohne Übertreibung kann die Situation der Freizeitkultur im Landkreis als paradiesisch bezeichnet werden. Was manchmal andernorts teuer bezahlt, stressig erreicht und oft auch nur abwechslungslos ausgeübt werden kann, wird hier problemlos zum Vergnügen. Kurze Anfahrtswege, viel Platz ohne Warteschlangen und meist mehr als preiswert oder gar gratis lassen sich die Angebote nutzen. Sprichwörtlich vor der eigenen Haustür ist eigentlich alles da für eine sinnvolle Freizeitgestaltung.

TEPPICHHAUS FICKENSCHER
POCK

Die Vielfalt der Landschaft bietet Lebensqualität pur. So unterschiedlich die Landschaftsformen, so vielseitig die Möglichkeiten einer sinnvollen Freizeitgestaltung. Ballonfahren bei Bad Steben, Golfen in Haidt, Hallenfußball im Sportzentrum Helmbrechts, Reiten mit oder ohne Parcours, Wandern in blühender Heckenlandschaft, Angeln in sauberen Gewässern oder Paddeln auf Selbitz und Saale. Mountainbiking am Döbraberg, Segelfliegen in Zell oder Helmbrechts, Radeln auf sicheren Radwegen… und vieles mehr.

In fast jedem Ort gibt es Sportvereine für viele Disziplinen. Moderne und gesunde Trendsportarten wie beispielsweise „NordicWalking“ finden immer mehr Anhänger – die bestens dafür geeignete Landschaft gibt es gratis dazu.

Auch die naturnahen Freizeiteinrichtungen – wie hier am Frankenwaldsee in Lichtenberg – sind immer einen Besuch wert. Alle Anlagen sind attraktiv gestaltet und fügen sich beispielhaft in die Landschaft ein.

Das Angebot ist groß, die Qualität beeindruckend. Freibäder und Badeseen, was will man mehr. Ob zum Beispiel in Rehau – Bild oben, in Oberkotzau – Bild Mitte links, am Badesee in Lichtenberg, oder am Quellitzsee in Tauperlitz, das kühle Naß für heiße Sommertage ist überall garantiert.

Auch in den kühlen Jahreszeiten haben „Wasserratten" ihren Spaß. Die Hallenbäder in Bad Steben, Münchberg, Rehau, Selbitz; in Schwarzenbach an der Saale und Schwarzenbach am Wald sowie das moderne Wellenhallenbad in Helmbrechts bieten Platz zum Toben und Entspannen.

In der herrlichen Mittelgebirgslandschaft ist immer viel Platz für erholsame Wanderungen.
Gut markierte Wanderwege führen sicher zu lohnenswerten Zielen.

Bild oben:
Im Frankenwald bei Wustuben mit Blick auf Schwarzenbach am Wald.

Bild rechts:
Blick nach Böhmen vom 827 m hohen Großen Kornberg im Fichtelgebirge.

KLENZEPRACHT IN BAD STEBEN

Der listenreiche Odysseus aus Homers Griechenland ist eigentlich jetzt nur noch ein Stümper – verglichen mit den Verführungskünsten unserer Werbung. Schon nach dem ersten Impuls muß sie Wirkung zeigen – am besten ohne Streuverluste... Schon nach dem ersten Werbesatz müßte der Umworbene Feuer und Flamme sein, auf der Stelle angeworben von dem, der wirbt...

Langsam

Kurios: wer sich auf eine Kur einläßt, steht plötzlich auf lateinischem Grund. Eingesickert ins Deutsche die „cura" – man braucht nur das Italienisch-A wegzulassen... Wer eine Kur braucht, ist der Pflege bedürftig; er wünscht sich, daß die „cur wohl anschlägt", denn eine „halbe cur ist keine Kur"...

Ein Kurort, mit dem Adelsprädikat Bad versehen, verspricht Heil – was meint das eigentlich? Heil heißt frei von Krankheit. Wer sein Heil sucht, der sucht auch Glück. Badekur des Herzens – so wurde einst das Reisen verstanden...

Merkwürdig

Von den fünf bayerischen Staatsbädern liegen vier in Franken. Die „kurreichen Fünf" haben nur einen bayerischen Fünfling: Bad Reichenhall. Zum unterfränkischen Terzett – Bad Bocklett, Bad Kissingen und Bad Brückenau – gesellt sich das oberfränkische Bad Steben. Föhnfreies Mittelgebirgsklima. 600 m über dem Meer. 3.700 Einwohner, 2.500 Gästebetten.

Verglichen mit anderen Badeorten liegt Bad Steben nicht „drin" – Bad Steben liegt „drauf": auf einer Nordsonnenseite. So sieht Grünlandschaft vielleicht nur noch in Oberfranken aus: Landschaft, noch halbwegs bewahrt vom Kahlfraß durch Landfraß – und ringsum immer noch die Grüntupfen; selbst etliche Ortsnamen sind dem Grün grün...

Marxgrün – Geroldsgrün – Christusgrün – Carlsgrün
Hermesgrün – Lippertsgrün.

Ab und zu klingt Arbeitsgeschichte an: Die Ortsnamenendung „Reuth" erinnert ans Roden, und die „Hammer"-Endungen meinen Hammerwerke, einst von Wildbachwasser angetrieben... Schottenhammer. Blechschmidtenhammer.

Und auch der Bergbau klingt noch aus Fernzeiten an: Erzgruben – Grubenberg...

Geschichte widerfuhr dieser Landschaft wie rauher Wind. Besitz und Herrschaft: In diesem Konkubinat hat diese Landschaft ihre Konturen bekommen. Hohenzollern und Waldenfelser. Hussitenkrieg.

Das Dorf Steben in Rauch aufgegangen 1430. Sich wieder aufraffen. Um 1690 hat ein Stadtmedikus aus dem thüringischen Schleiz die Heilkraft einer Mineralquelle belegt – das sprach sich herum, aber es fehlte an Mitteln, den Wasserschatz zu heben...

Ach, diese manchmal kaum zu ertragende Langsamkeit der Zeit... 1784 wurde ein Kurhotel gebaut...

Steben, zum Markgrafentum Bayreuth gehörend, wurde von dem Landeshauptmann Philipp Ludwig von Weitershausen als sinnvolle Investition gepriesen – doch es fehlte an Geld. Weitershausens Versuche, die inzwischen schon bekannten Quellen mit dem Dorf Steben durch eine Allee zu verbinden, wurden durch mutwillige Zerstörungen zunichte gemacht... Treuhandgeschichten aus deutscher Frühzeit...

Geschichte. Anläufe voller Vergeblichkeit. Umwege Trumpfkarten des Plötzlichen.

Alexander von Humboldt: Der Bergassessor trat 1792 in die mittlerweile preußischen Staatsdienste ein – nun gehörte Steben zum oberfränkischen Bergbautrio, zu Goldkronach und Arzberg. Die „Königliche Freie Bergschule" wurde gegründet. Das Aufblühen war wichtig und kurz – zu kurz.

Geschichte. Napoleonisches Interim 1807 – 1817. Geschichtskapriolen. Stebener Bergleute – der Bergbau längst schon im Abbau – mußten mitwirken an der Demolierung der Plassenburg – dafür ordnete die französische Besatzungsmacht den Bau ordentlicher Straßen an. Geschichte: Synonym für Niederlage (manchmal auch).

Der Bergbau, auf Absatzmärkte angewiesen, unterlag Preisdruck und Konkurrenz; England war einer der Würger für den Stebener Bergbau. 1857 war er so gut wie tot. Das Vertraute, der Brotberuf – über Nacht keinen Pfifferling mehr wert, und die Bewohner wollen nicht wie Nomaden weiterziehen...

Geschichte. Uralte Umstellungsgeschichten. Bergbau ade.

Glückauf

Steben schloß 1832 einen klugen Vertrag mit dem Staat Bayern: Für einen guten Preis, der beinahe alle Ortsschulden auf einen Schlag tilgte, verkaufte die Gemeinde ihre Quellen an Bayern, das sich verpflichtete, die Quellen nicht nur zum Gebrauch der Kurgäste zu unterhalten, sondern auch den gemeinnützigen Gebrauch durch Verbesserungen zu erhöhen...

Aus einem Privathaus wird das staatliche Kurhotel, der „Bayerische Hof", 1842.

1850 der feste Bürgersteig aus Granitplatten: Das Trottoir. Zwischen 1871 und 1918 verdienten Stebener Familien nicht mehr als 50 Pfennig – was zu einem „Mahl" aus Kartoffeln und Salzlake aus der Heringstonne reichte...

Geschichte
Schmerzliche Gleichzeitigkeit
Karger Bergbau
Noch kargere Landwirtschaft
Kümmerlicher Leinewebergewinn
Herrschaftlicher Kursaal
Vornehm gekleidete Damen mit Sonnenschirmchen
Herren in Frack und Zylinder
Abwanderung bis nach Amerika
„Not macht erfinderisch"
Heimarbeit
„sächsische", „plauische Arbeit": Sticken
Bergab und bergauf
Tiefer bohren

Der erste Quellhorizont war nicht ergiebig genug; man mußte die Quellen tiefer bohren, und die Quellen spielten mit, speisten Steben: 1871 wurde die Wiesenquelle mit einer Tiefe von 17 m neu erschlossen, 1874 die Tempelquelle auf 17,5 m niedergebracht. Noch einmal wurden die Quellen 1909 neu gefaßt, und 1906 entdeckten Kundige den hohen Radongehalt der Tempelquelle... Du wirst die Zahlen rasch wieder vergessen...

Der Badeort... Nach dem zweiten Weltkrieg eine Weile Lazarettdorf, auch Zuflucht für vertriebene Schlesier und Sudetendeutsche; dann der Schnitt der Zonengrenze...

Am 1. Mai 1950 wurde das Kurhotel wieder eröffnet... Bald wurde der ganzjährige Kurbetrieb möglich – und Wiesen- und Tempelquelle nochmals tiefer gebohrt: jetzt ist man bei 32 und 45 Meter Tiefe...

Tiefer bohren – um nicht aufzugeben. Auch diese Beharrlichkeit gehört zur Schönheit des Frankenwaldes. Selbst das Bitterkalte hat manchmal eine Schwester: Bitterschön.

Das Stebener Moor
Wer aber möchte baden im Moortümpel
Also ein richtiges Schwimmbad
Bewegungsbad mit 29° warmem Wasser
Im Sprudelbecken sind´s 36°
Der Seifenteich im Seifengrund
Schwanenteich
Kurparkteich
Goldfischteich
Sachsenruh
Wasserruh
Sinkteich
Wasserreich

Was aber wäre ein Bad ohne die künstliche Schönheit der Kunst? Eine ihrer Aufgaben ist die Balance... Ich gehe durch einen Park – und plötzlich ist es da: beinahe böhmisches Kaisergelb... Ein Haus in harmonischer Proportion: der Hauptakkord des Mittelrisalits, die beiden Geschosse, das Dach, die beiden Flügel – und die warmgestimme, warmstimmende Farbe... Merkwürdig: Geglückte Bauten vertragen sich meist glänzend mit neuer Umbauung – Klenzes Glanz gibt diesem Bad einen besonderen Akzent.

Auf dem Steingrund des Frankenwaldes, nahe beim Fichtengrün das Gebäude eines klassizistischen Künstlers, der, südlandbesessen, italienische Renaissance nachempfindend, eine andere Farbe hierher gebracht hat...

Klenze hat Münchens Antlitz mitgeprägt: mit Glyptothek, mit Alter Pinakothek und den Propyläen, dazu die Straßenanlage von Ludwig- und Briennerstraße und vom Odeonsplatz. Von ihm stammt das Schloß im südfränkischen Pappenheim. Nach Klenzes Plänen entstand zwischen 1839 und 1851 die „neue Eremitage“ in Sankt Petersburg... Bad Steben liegt also auf der Klenze-Linie München-St.Petersburg – für einen Badeort kein schlechter Ausweis...

Geglückte Gebäude können Fassungen sein – Schmuckfassungen. Mir gefällt das immer wieder, wenn Quellen, also Erdgeschenke, schön gefaßt werden, und wenn man aus der Quelle unmittelbar trinken kann. Derlei kann ansteckend wirken – am liebsten möchtest du jetzt gleich kistenweise „Höllensprudel“ aus Bad Stebens Nähe mit nach Hause nehmen...

Mineralquellen
Radon-Heilbad
Heilwasser
Calcium-Magnesium-Hydrogen-Carbonat-Säuerling
Calium-Hydrogencarbonat-Säuerling
Heilwasser muß ja nicht samossüß sein
Wenn´s nur was hilft
Bei Herz- und Gefäßerkrankungen
Bei Rheuma und Erkrankungen der Gelenke
Mineralbäder
Moorbäder
Moorpackungen und Massagen
Trink- und Wandelhallen
Kurpensionen
Gästehäuser
Chalets
Das ganze Jahr über Saison

Und dann ist Bad Steben Endstation – trotz aller rasanter Verkehrsverbindungen: Manchmal gibt´s dafür keinen Ersatz – zu so einem Ort mit dem Zug hinzufahren... Ach, diese bald schon ausgestorbenen hübschen und altmodischen Bahnhöflein... Es gab einmal in Deutschland auch eine Bahnhofskultur...

Aussteigen, schlendern, am Heinrich-Mörtel-Brunnen vorbei... Klar doch, daß nicht jedes Haus in einem Architekturwettbewerb gewönne – aber Ortsarchitektur ist ja meist Gemisch; ein Gespür für ein Hausgesicht fehlt hier nicht. Rund um die Lutherkirche ist das Ensemblekräftige noch zu spüren. Da steht noch ein uralter Chorrest; ein Schalenturmrest blieb von der einstigen Wehrkirche; die verbliebenen und bewahrten Fresken wirst du bald wieder vergessen...

Plötzlich dann ein Temperatursturz. Zwischen Frankenfachwerk, Frankengartenzäunen und Oberfrankenschieferdächern das Unerwartete. Plötzlich ist da in der Kirche eine ganz andere Zeit gegenwärtig. Nichts da mehr von fränkischer Fachwerkkleinwelt und Warmholzaroma... Kühl und befremdlich zunächst: Beton. Es dauert eine Weile, bis sich Augen und Sinne adaptieren. Der Kirchenraum aus einem Guß – ein Raum komponiert aus einem Betonklangcluster... Jugendstil...

Plötzlich ergriff´s mich: Wie wichtig, nicht nur in einer Kirche, ein Leuchter ist. Diese zentrierende Kraft des Runden... Und nach einer Weile des Einsehens: Da begann etwas zu ranken und zu blühen. Es ist ein Pult, das Lektionar in der Kirche, das mich am meisten ansprach... Wie da ein Kunstschmied Rankenwerk aus Metall heraufgeführt hat... Wie sich da Blattwerk wie eine Heilpflanze hochrankt und aus dem geschmiedeten Schönen plötzlich Arme wachsen, auf denen – wie eine Frucht, die Kerzenhalter aufblühen, sie dann das Licht seitwärts halten für das Pult, auf dem üblicherweise die Heilige Schrift liegt...

Diese Leuchtgestalt hat mich als Sinnbild erfreut. Derlei ist immer wieder übertragbar, und solche Bilder nimmt man dann mit als Kurgeschenk: Ein Gestell, auf das man das einem liebste Buch legt, das sollte besonders schön sein – zu Hause. Nach dem Augenauslauf durch den Park, vorbei am Glanz der Klenzepracht, saß ich lange in dieser Kirche – und zeichnete.

Tradition und Moderne dokumentieren Fortschritt und Qualität im Bayerischen Staatsbad Bad Steben. Harmonisch fügen sich alle Bauwerke zum Ensemble, ergänzen sich auch in ihrer Funktion. Der Klenzebau – Bild oben – die Wasserspiele im Kurpark, der visionäre Neubau der Bayerischen Spielbank und die Arkaden der Wandelhalle setzen Akzente im Erscheinungsbild des Kurortes.

Ein Besuch der Kuranlagen erfreut immer wieder.
Interessante Perspektiven bleiben haften, tun Leib und Seele gut bei einem sonntäglichen Spaziergang.

Bild links: Blick aus der Wandelhalle auf Wasserspiele und Klenzebau.
Bild unten:
Pavillon und Liegewiese im Kurpark.

Bad Steben ist das Bayerische Staatsbad im Frankenwald und das höchstgelegene dazu. Nahezu 170 Jahre Kurtradition zeugen von der Qualität der Heilmittel. Mit der in Europa einzigartigen Kombination von Naturmoor, Radon und Heilwasser, mit den wunderbaren Kuranlagen und der imposanten Bäderarchitektur – im Bild die Decke vom großen Kurhaussaal und die Arkaden der Wandelhalle – ist der Kurort eine Perle in Bayerns grüner Krone.

Die Aussichtstürme gewähren Weitsichten und Einblicke. Alle sind leicht erreichbar und meistens kostenlos zu ersteigen.

Bild oben:
Kirchbergturm in Helmbrechts.
Bild Mitte von links:
Frankenwarte bei Bad Steben, Schönburgwarte am Kornberg.
Bild unten:
Blick vom Prinz-Luitpold-Turm auf dem Döbraberg ins Fichtelgebirge.

Bilder rechte Seite:
Oben: Wiedeturm am Wolfstein bei Issigau.
Mitte von links:
Aussichtsturm auf dem Rohrbühl in Münchberg, Weißensteinturm bei Stammbach, Prinz-Luitpold-Turm auf dem Döbraberg.
Unten: Schüssel auf dem Waldstein.

GRÜNFEUER FRANKENWALD

Nebel
Erde
Konturen der Berge
Manches möchte man nie vergessen... Gerundet steigen die Höhenzüge des Frankenwaldes auf... Unverwechselbare Konturen... Nach dem, was sich einprägt, haben unsere Augen Hunger... Der Speisekarte einer Landschaft kann kein Wirtshaus, keine Wirtschaft je Konkurrenz machen... Alles stimmt zusammen: Manchmal glauben wir: Hier trifft es zu... Und schon übersehen wir, was eigentlich stört... In Wirklichkeit möchten wir noch viel öfter sagen: „Das ist schön". Zuallererst ist es vielleicht doch eine Landschaft, die uns eine Vorstellung gibt von dem, was wir uns nicht vorstellen können: Unendlichkeit...

Wollgras
Ein Mädchen
Fichtenzapfen
Weite
Waldhang und Waldwiese
Der vielfach bedrängte Wald: Sagt er nicht hier nachdrücklich: „Hier laßt mich jetzt bleiben! Schnürt mich nicht noch mehr ein! Alles will ich mir nicht mehr gefallen lassen! Die füllige Schwester der Saale, die Talsperre, die will ich als Spiegel behalten... Nur wer mit wachen Augen und bloßen Händen kommt, der ist mir willkommen..."
Wanderer klettern
Ausblicke
Höllental
Herbstgeflamm
Ein Dunkelberg
Saaleschleife
Geschwisterschiefer aus Thüringen... Kein Keil kann thüringischen und oberfränkischen Schiefer trennen... Vielleicht kommen wir doch wieder auf den Geschmack und schätzen diese schattierende Schieferhaut eines Daches wieder...
Felsblöcke im Fluß
Höllental
Wasser, über Felsblöcke sprudelnd, rauschend in einer Klamm: So frei kann sich hier Wildwasser entfalten – sonst ist Wasser doch nur noch in der Klemme... Plötzlich sehen wir´s leibhaftig – angesichts der Sprudelflaschen beinah schon vergessen: So natürlich sieht also Anmut aus... Ihre Grenzen sind fließend.
Forellen
Wiese
Feldwege
Schnee
Es ist keine kalte Schulter, die uns die Höhenzüge zeigen... Es sind Hochwiesenrücken... Als wollte die Landschaft sich reiben am Himmel.
Der Döbraberg
Als fahre da manchmal eine Himmelshand über den Buckel, als ließe sich hier der Himmel spüren: Zugluft und Weitblick...
Der Rennsteig
Eine Linie steigt auf – und fällt... Aussicht haben und genießen... Als säße da ein Souffleur und flüsterte dir jetzt zu: „Das alles gehört deinen Augen – nur das ist der sicherste Besitz, das mit den Augen Getrunkene..."
Winterwald
Eine Schieferhaubenkirche
In diesem Waldreich muten Städte wie Behauptungen: Sich selbst behaupten...
Ein Regenbogen
Ziegen und Schafe
Vom Ausgangspunkt bis zum Endpunkt einen Regenbogen der Sympathie spannen... Wenn auch Tiere noch sichtbar ihren Anteil haben am Land, dann erst ist's wirklich bewohnt: Die Rentabilität allein darf nicht über die Bevölkerung entscheiden... Nachwuchs: was für ein mehrdeutig schönes Wort...
Ein Mann mit Pferd
Ein Mühlrad
Ein Köhler
Ein Meiler
Das fast schon Ausgestorbene erinnert daran, wie arm wir wirklich würden, wenn es wirklich ganz ausstürbe... Mühlrad, Weber und Köhler: Nicht mehr gebraucht – aber: sie gleichen noch immer Geschwistern sehr seltener Schmetterlinge. Sind sie vertrieben, wird auch Gott amputiert.
Meiler
Schiefer
Flachgestein Schiefer... Schöne HausHaut... SchieferSchuppen und SchieferSchindeln... Wie darauf Licht glänzt... Laden die Landebahnen der Schieferplatten nicht die Sonne ein, noch ein wenig länger zu bleiben...

Das alles auch – Formen des Vergnügens... Die Landschaft streckt ihre unverbaute Hand aus... Auf ihrer Hand kringelt sich das ZauberschlängleinWort „Noch"... Schlag ein! Laß uns ein Bündnis schließen...

Allee
Jede Allee ist eine Einladung zum Gehen. Jede Allee ist Baumgang und Schattengang. Jede Allee ist Promenade unter Bäumen – durch nichts anderes zu ersetzen... Plötzlich versteht man uralte Texte: Die Götter sind nahe – wenn man sie sehen will.
Höllebrunnental
Kirchtürme
Ebereschen
Kornfelder
Apfelblüte
Unter hohem Himmel kuscheln Siedlungen in der Landschaft – an dieses behagliche Kuscheln scheinen viele Architekten nicht mehr zu denken... Und angesichts der Apfelblüten ist's einem, als ob Gott nach dem Rechten sähe...
Schieferbunt
Alleelodergrün

An langgestreckten Hängen und in Talkerben des Frankenwaldes mutet das Nadelgrün manchmal an wie eine Mähne, windgezaust. Auch das Unwirsche des Winters hat hier noch eine Wildfangkraft. Allen Schnellstraßen zum Trotz: wenn es Feldweg und Waldweg nicht mehr gäbe, gingen wir geradewegs in die Wüste. Noch aber wärmen sich Augen und alle anderen Sinne am Grünfeuer des Frankenwaldes.

Blick vom Christusgrüner Weg bei Naila über Dreigrün zum Döbraberg.

Vom Aussichtspunkt am Kämmleinsfels bei Geroldsgrün bietet sich ein herrliches Frankenwaldpanorama über das Langenautal bis zum Horizont bei Birnbaum.

Die Wintersportzentren am Kornberg im Fichtelgebirge und am Döbraberg im Frankenwald bieten Wintersport für Jung und Alt ohne Alpinstreß. Die Höhenlagen zwischen 600 und 850 Metern sind für einige Wochen sympathische Gastgeber dieser Sportarten.

Einheimische aber auch Touristen schätzen die Nähe zum winterlichen Vergnügen. Für Kurzentschlossene und ohne lange Anfahrtswege bietet die nahe Umgebung der Mittelgebirge vielfältige Abwechslung in der gesunden Winterluft.
Ob auf den Loipen am Döbraberg, den vielen Rodelbahnen an den Hängen, oder mit dem Pferdeschlitten querbeet – über die kalte Jahreszeit freuen sich hier nicht nur die Kinder.

Winterabend bei Schwarzenstein im Frankenwald mit Blick auf die Höhen um Presseck.

STÄDTE, MÄRKTE & GEMEINDEN

Der Landkreis Hof lebt vor allem durch eine Vielzahl lebendiger Gemeinden. Und die können sich sehen lassen. Der dezentrale und ländliche Charakter des Landkreises birgt viel Qualität. Bewährte Standards und intakte Strukturen geben Sicherheit und bilden eine gute Grundlage für attraktive Lebensqualität.

Blick von Döbrastöcken auf Naila

„DASS WIR LERNEN, WIE WIR BESSER EINEN HELLEN TAG BEGINNEN..."

Wie ein Gedicht jemanden nach Münchberg führte

In seinem Bekanntenkreis hieß er der „Neubau-schmackhaft-Macher". Er war viel unterwegs. Wenn ihn jemand fragte, woher er stamme, sagte er: „Aus Russisch-Deutschland". Als wir einander begegneten, verriet er mir seinen Herkunftsort in Sachsen – doch das ist ohne Belang; freilich sei er froh, daß der größte Landräuber aller Zeiten, Rußland, wenigstens etwas zurückgestutzt worden sei und man seither freier atme in Deutschland; dennoch sei man noch immer weit entfernt vom Traum einer möglichen Gerechtigkeit: „Nunja", sagte er, „man muß sich halt wie immer behelfen! Nachwievor leben wir in einem Zwei-Klassen-Land: die einen können nach Belieben ihre Preise anheben – und die anderen Lohnempfänger müssen das schlucken. Aber, lassen wir das! Ich bin einfach neugierig, welcher Stil an Neubauten in Deutschland sich durchsetzen wird – ob es die Flachklötze der Supermärkte sind oder Gebäude, die wirklich Charakter haben..."

„Und da sind Sie", unterbrach ich ihn, „in Münchberg fündig geworden?"

„Wenn Sie ein wenig Zeit haben", entgegnete er, „will ich´s Ihnen sagen – es hat, wie fast alles, so seine verwinkelte Vorgeschichte..."

Dann begann er zu erzählen: „Ich muß ja bei meinen Architekturvergleichen viel durch Deutschland fahren; die meiste Zeit verliere ich bei Staus auf den Autobahnen. Und da ich mir diese Muß-Wartezeit nicht durch x-beliebiges Radiogeblödel auch noch entwerten lassen will, habe ich mein Autoradio so eingestellt, daß nur der Staumelder zu hören ist – und wenn ich dann stehe, dann lese ich; das heißt, ich hole `ne Menge nach, was uns in DDR-Zeiten vorenthalten worden ist. Mit Büchern waren wir ja eigentlich prima bedient, auch wenn man die besten nur über den Buschfunk bekam; aber wer die Quellen kannte, der kam schon dran – trotzdem ist´s schaurig, wovon wir einfach nichts wußten; wie wenn man zeitlebens nie in Frankreich oder Italien gewesen wäre... Jetzt hole ich also nach: so unbekannte Schriftsteller wie Gerhard Nebel, Reinhold Schneider, Gerd Gaiser oder Friedrich Georg Jünger... Olle Kamellen, werden Sie sagen, aber mich bringt's weiter. Da geht´s irgendwie tiefer in die Welt als mit dem Unterhaltungsdelirium unserer Tage... Hörn' Sie mal..." Und er sprach auswendig:

„Der erlebt es immer wieder,
Der Gerechtigkeit erstrebte,
Daß man ihm in sein Gewebe
Wunderliche Knoten webte.

Daß sich Recht in Unrecht kehrte,
Konnte es dem Blick entgehen?
Daß aus Unrecht Recht geworden,
Glaubtest nie du zu verstehen..."

„Ist von Friedrich Georg Jünger", sagte er, „und unsere hübsche Kellnerin wird sowas schon nicht mehr verstehen" – „und", warf ich ein, „die meisten der hier Lebenden auch nicht. Aber, worauf wollen Sie hinaus?"

„Nun, ich war wiedermal unterwegs und dachte über das Gefälle zwischen Recht und Unrecht im Osten und im Westen Deutschlands nach und über den da wie dort üblichen Zwang, und da las ich dieses seltsame Gedicht und ich war dann ganz entzückt von dem scheinbar altmodischen Schluß:"

„Laß uns daher etwas andres,
Das uns mehr beglückt, ersinnen,
Daß wir lernen, wie wir besser
Einen hellen Tag beginnen."

Wieder einmal hörte ich jetzt die sattsam bekannte Staumeldung „zwischen Münchberg-Süd und Münchberg-Nord". Dieses verdammte Münchberg! Diesmal fährst du eine Ausfahrt früher von der Autobahn und schaust dir dieses Münchberg an! Es nieselte – und am Ortsbeginn der sattsam bekannte Supermarktsaum, doch dann begann mich dieses Städtchen zu faszinieren. Das lag nicht an der imposanten Lage der Kirche, die wie ein Schiff auf einem Berg herausragt – es war dieses ganz und gar ungeschminkte Normale der Häuser; an irgendeinem Platz kam ich mir vor wie in unserer einstigen DDR, aber dann: so eine aufgefrischte Zeile von Häusern, an einem Bach... Es war einfach zauberhaft, wie sie das hinbekommen haben... Und dann bin ich durch Münchberg gegangen; den Kirchberg hinauf, und immer wieder habe ich gestaunt über so eigensinnige, eigenständige Einzelhäuser; kein mittelalterlicher Puderzucker wie in Rothenburg, aber irgendwie gut und manchmal sogar verspielt. Ich dachte mir: wie gut, daß in dieser Stadt die verheerenden Brände mit allem alten romantischen Kitsch gründlich aufgeräumt hatten – und dann entstanden diese selbstbewußten Häuser...

Ob die eine Kirche nun neugotisch und die andere neoromanisch ist, das ist es nicht, sondern dieser Hauch von eigensinniger Individualität... Egal ob Einfamilienhaus oder Villa – die haben hier Stil, auch wenn die Hochblütezeit der Weberei längst vorbei ist... In solchen Orten, so scheint mir, lassen sich die Menschen nicht in solchen Betonklötzen kasernieren wie ureinst bei uns... Kommen Sie! Ich muß Ihnen diese gelungene Promenade an dem Bächlein in der Kirchenlamitzer Straße zeigen!" Wir standen auf, er zahlte, und wir schlenderten durch Münchberg.

„Es ist", sagte ich, „dieser verhaltene oberfränkische Charme, den es so nur im Hofer Land gibt. Kein Prunken mit überladenen Sehenswürdigkeiten, sondern, wenn Sie verstehen, eben der Charme des Alltags, der nicht übertreibt..."

„Genau das meine ich auch! Es ist etwas, das ich neulich bei dem ungarischen Nobelpreisträger Imre Kertész gelesen habe... Er schrieb da etwas über Wien, was auch für hier zutrifft: daß die ganze Zivilisation zum Leben, zum Gebrauch angelegt sei... Wir sollten nicht hochmütig immerzu nur große Gesten verlangen, sondern, so Kertész, das Leben leben, das einem zugefallen ist, und es so leben, daß es einem ganz zufällt – das ist die Aufgabe des Lebens, wo auch immer wir leben..." Dieses Geschenk eines Satzes gefiel mir.

Wir gingen an der hübschen Hauszeile an dem neugefaßten Wassergraben entlang – und dann führte ich den „Neubauschmackhaft-Macher" zu dem Rotton der neuen Stadtbibliothek, die ihm auf Anhieb gefiel.

„Jaja, das ist ein gelungenes Mehrzweckgebäude – licht, hell, ohne übertriebenen Protz, einladend. Hoffentlich gibt es auch genügend Erzähler, die hierher Menschen zum Zuhören gewinnen... Wissen Sie, solange die Menschen einander noch Geschichten erzählen können, haben sie einander etwas zu sagen... Da muß ich an meinen alten Onkel denken, der war in so einem thüringischen Ort sowas wie Bürgermeister; in diesem thüringischen Flecken war eine Garnison der Roten Armee und mein Onkel verstand sich mit dem russischen Kommandanten ganz gut, denn er konnte und mochte dessen Sprache. Der Kommandant gehörte zu den gewitzten Russen; der bekam zweimal im Jahr ein genau festgelegtes Kontingent an Treibstoff; der Sprit für die Armeefahrzeuge war großzügig bemessen – und wenn man ihn nicht für übermäßige Manöver verbrauchte, ließ sich einiges mit dem Erübrigten machen... Der Kommandant hieß Nikolaj Alexejitsch Schalúnov – und mein Onkel stellte ihm die mißliche Lage der Treibstoffversorgung in seinem Ort dar... Und so kamen die beiden überein, daß einer der großen Treibstofftanks der Roten Armee auf dem Gelände der LPG eingegraben wurde, so daß er nachts mühelos von einem Tanklaster der Armee nachgefüllt werden konnte – und im Gegenzug sorgte mein thüringischer Onkel für reichlich Frischfleisch aus heimischer Schlachtung für die wahrlich ausgehungerten Rotarmisten... Und wenn dieser Schalúnow sich nicht mit einer Frau eingelassen hätte, woraufhin sie irgendwer verpfiffen hat: dieser deutsch-russische Tauschhandel wäre bis zum Abzug der Roten Armee niemals aufgeflogen..."

Jetzt lachten wir beide – und beide hatten wir „einen hellen Tag" begonnen. Ich sagte: „Es gibt eben doch immer noch und immer wieder glückliche Fügungen... So wie dieses Münchberg von verheerenden Branden immer wieder heimgesucht worden ist – ich habe die Jahreszahlen vorhin gelesen: 1534, 1617, 1631, 1701, 1729 und 1837 – , so hat es doch während der letzten beiden Weltkriege kaum Schaden gelitten... Und wenn es auch nachwievor heikel und schwierig ist mit der heimischen Textilindustrie: sie geben hier einfach nicht auf, sie passen auf und passen sich an – Sie müßten jetzt zum Schluß einfach noch einen Blick werfen in die Textilfachhochschule, der einzigen weit und breit: daß wir lernen, wie wir besser einen hellen Tag beginnen..."

Meine Münchberger Zufallsbekanntschaft, jener „Neubauschmackhaft-Macher", versprach, daß er auf all diese Neubauten im Hofer Land nächstens sein besonderes Augenmerk richten werde.

PERLE REHAU

Mit Eugen Gomringer

Der „Gern-Oft-Hier" würde sich heute gern einen Spaß erlauben: am liebsten ließ´ er sein Auto im sächsischen Tiefenbrunn/Papstleithen stehen und dann ginge er durch den Wald, schnürte wie ein Fuchs durch das Nordwestrandzipfelchen der Tschechischen Republik – vorbei an der Obermühle, ein Katzensprünglein von nicht einmal einem Kilometerchen durch tschechisch-böhmisches Land – ging dann von Hinterprex nach Prex, dann nach Oberprex – um alsbald nur noch durch Wald, Wald, Wald zu wandern... Er käme über „Kalte Bögen" und „Bärenbruck" durch den Rehauer Forst – kilometerlang. Am „Eichberg" wär´ er auf einer Höhe von 608 m über dem Meer. Er könnte natürlich auch eine leichtere Wald-Variante wählen, um dabei auch eine Ahnung vom Waldlangen zu bekommen: er bräuchte nur in Selb auf die neue Autobahn, die in weitem Schwung den Rehauer Forst durchschneidet.

Wie auch immer: In einer großen Waldmuschel liegt sie, die Perle Rehau.

Ich bin jedesmal verdutzt und sogleich angenehm überrascht: was für ein breitlanges Angertor hat sich diese Stadt als Entree errichtet... Es ist, wenn man von Westen kommt, jedesmal eine Art Paradeplatz, der einen als Empfangsarchitektur begrüßt – so weiträumig, so erfrischend großräumig und baumgrün, und dann mit sachtfarbenen Häusern gesäumt...

Die Gestalt der einstigen Kreisstadt Rehau ist ungewöhnlich in ihrer weiträumigen Anlage. Nie war dieser Ort mit Mauern und Toren befestigt. Klar, daß auch dieser Ort unter dem Dreißigjährigen Krieg litt – und dann all die verheerenden Brände... Es spricht für die Klugheit der Bewohner, daß sie sich dann entschlossen – aus bitterer Erfahrung gewitzt – durch eine regelmäßige und zugleich auseinandergezogene Neuanlage ihren Ort doch katastrophensicherer zu machen.

Wieder einmal ist hier die Freude am eigensinnigen Haus zu erleben – und wie dann diese eigentönigen Gebäude zu einem FarbklangEnsemble werden...

Schon anno 1529 ist Rehau evangelisch geworden. Früh, wenn man´s so sehen will, setzte eine beachtliche Industrialisierung ein: anno 1865. Hier ließen sich drei große Lederfabriken nieder, die eine Zeit lang 50% der gesamten bayerischen Produktion herstellten. Porzellan und Plastikverarbeitung kamen hinzu, machten den Stadtnamen weit bekannt. 1958 wurden in der Stadt – mit damals rund 10.000 Einwohnern – immerhin 635 gewerbliche Betriebe gezählt.

Strukturwandel natürlich auch hier. Umstellungsfähigkeit auch in Rehau. Zum Bleibenkönnen gehört, natürlich auch hier, ein reges Vereinsleben; und wie das ganze Hofer Land „vereinsdicht" ist, so gehört auch die Stadt Rehau als ein sehr vereinsdichter Raum dazu. Gewiß, in Vereinen wird manches, natürlicherweise, sehr ernst genommen – aber sie machen ja auch Spaß und verstehen Spaß; kein Rehauer ist gekränkt, wenn sie mit dem Necknamen „Schleißknüpfel" genannt werden, weil eben in früheren Zeiten aus den reichhaltigen Rehauer Waldungen Schleißknüpfel, also Brennholz, nach Hof geflößt wurden.

Mich fasziniert in Rehau zudem ein herrlich wiederhergerichtetes Haus – im Untergeschoß ist ein Kindergarten, doch darin und drumherum ist Kunst, HeuteKunst, KühnKunst, AugenProvozierKunst, AugenReizKunst, WeiterGehKunst, VorWageKunst.

Nach Rehau gekommen ist Eugen Gomringer – aus Wurlitz. Wer den wachäugigen, kunstmachenden und kunstsammelnden Mann hört, merkt sofort: Das ist „der Schweizer" im Hofer Land. Eugen Gomringer, 1925 – nicht in der Schweiz, sondern in Bolivien geboren – Mitarbeiter von Max Bill, lange Jahre Leiter des Schweizer Werkbundes, Mitglied der Akademie der Künste in Berlin, Professor für Ästhetik an der Kunstakademie in Düsseldorf, Intendant des „Forums für Gestaltung" in Ulm, einer der Urväter der „Konkreten Poesie": dieser Eugen Gomringer ist zu einem Glücksfall für Oberfranken geworden: denn von 1967 bis 1985 war er der Leiter der Kulturarbeit bei Rosenthal. Rosenthals Porzellan hat ganz ganz wichtige Impulse durch Eugen Gomringer bekommen. Dank seiner Anregungen kam es zu hinreißenden Verbindungen zwischen Künstlern und Porzellan.

Im Innersten ist Eugen Gomringer ein Dichter – und ein Freund von konkreten Poeten und Malern. Bei ihm spielt das Visuelle von wenigen Worten eine ungewöhnlich wichtige Rolle – Wort-Konzentrat-Poesie, könnte man sagen. Wie er mit dem scheinbar Wenigen viel sagt – mit jenem „es": „immer wieder gelingt es..."

Ich gebe zu: daß Gomringers Kunst nicht jedermanns Sache ist, wiewohl sie in sich stimmige Ausstrahlungskraft hat. Nicht jeder kann mit dieser Konsequenz sich anfreunden, denn sie hat nichts mit landesüblicher „Gemütlichkeit" zu tun, und sie ist ein Affront gegen die Gartenzwergkultur und das Verlangen nach Geblödel anstatt nach Unterhaltung.

Wer also nichts mit Gomringers Kunst anfangen zu können vermeint, dem könnte ein ganz anderer Zugriff Gomringers die Augen öffnen: Ich meine jenes berühmt gewordene Buch, das er zusammen mit dem Fotografen Ernst Neukamp 1981 gemacht hat: HIMMEL ERDE FRANKEN LAND. Mit eigenen kurzen Texten und mit vorzüglich ausgewählten Zitaten, von Goethe bis Heidegger, von Ludwig Tieck bis Werner Bergengruen und Teilhard de Chardin, hat Eugen Gomringer jene einfühlsamen WortAntworten gefunden auf die himmelhohen Landschaftsfotografien, auf die atmosphärische Farbdichte der Fotos. Und inmitten von rund 130 Landschaftsporträts – die Macht der natürlichen Schönheit zeigend – da genügen zwei Fotografien von zwei jungen Mädchen aus Weißenstadt und Kirchgattendorf um das zu zeigen, was dieses Hofer Land bis auf den heutigen Tag mit auszeichnet: die Erinnerung an etwas Unbeschadetes.

ZAUBERBILDER IN SCHWARZENBACH AN DER SAALE
Zu Anton Richter und Adrian Senger

Vieles erschließen wir uns selbst – wie dürftig aber bliebe unser Leben, schlössen uns nicht Menschen manchmal besondere Türen auf... Eines Tages schickte mir einer meiner Komponistenfreunde, Walter Zimmermann, Ansichtskarten aus Oberfranken: gemalt, mit einer rauhgroben Farbe, die wie Erdhaut anmutete – nie zuvor hatte ich Bilder von Anton Richter gesehen... Und wieder eine kleine Weile mußte verstreichen, ehe mich mein Verleger-Freund, Helmut Süßmann, eines Tages mitnahm nach Schwarzenbach an der Saale...

Ich hatte das nicht gewußt: Der Ur-Ur-Ur-Ur-Großvater von Anton Richter war der Urgroßvater „unseres" Dichters Jean Paul Friedrich Richter...

Wir fuhren nach Schwarzenbach an der Saale...

Die Stimmung kann vielleicht jeder nachvollziehen: Man erwartet nichts vom noch unbekannten Ort – und hofft doch, daß etwas Besonderes einen anspringt... Meistens war es doch so bislang: wenn ein Ort an einem Fluß oder Bach liegt, fließt er meist außen vorbei, oder, wenn er noch im Ort geduldet wird, läuft er rasch an der Hundeleine einer glatten Kanalisation hindurch: „Mach, daß du fort kommst!..." Wie anders in Schwarzenbach an der Saale – eigentlich könnte der Ort auch Saale-in-Schwarzenbach heißen: so nah herangelassen an die Häuser hatte ich einen kleinen Fluß so noch nicht erlebt. Mir war, als würden hier noch Kühe im Sommer zur Flußtränke kommen... Das Saalewasser strömte wie ein gern geduldeter Gast durch den Ort und machte sich breit... Und dann die Häuser, rund um die St. Gumbertuskirche... Gumbertus, ein Bamberger Diözesan-Heiliger, der für mich mit Ansbach, und damit mit Johann Sebastian Bach verbunden ist... Wie die Häuser zusammenstehen... zuweilen wie mutwillig verwinkelt: als stünden sie allesamt gerne zu ihren Ecken und Kanten...

In diesem Ort also kam Anton Richter am Silvestertag des Jahres 1900 zur Welt – drei Tage nach Frühlingsanfang starb er 1962; der Maler hatte 1938 immerhin das Albrecht-Dürer-Stipendium und 1958 sogar den Albrecht-Dürer-Preis der Stadt Nürnberg erhalten... Ist sein Werk nicht ein längst erloschener Stern geworden?

Anton Richters Vater war ein Bauernleinwandfärber – und im Färberhaus hat er gearbeitet... Die Frau des Malers machte uns auf, und sogleich war der Werkstattzauber da: der offene Schrank mit den Geräten zum Bildermalen...

Wieder einmal die uralte Geschichte: Da zerbrechen sich Künstler den Kopf und meinen, nur das absolut Neue, das „so-noch-nie-Gemachte" wäre das Wichtigste, und malen, noch dazu Gegenstände, die jeder auf Anhieb erkennen könnte, das war doch das allerletzte... Anton Richter blieb dem Malen treu, was keineswegs heißt, er habe Sichtbares „abgemalt"...

Das Besondere an Anton Richters Bildern ist die Zuwendung zur Landschaft. Er faßt das Sichtbare zusammen: da wirken die Kraftfelder der Haus- und WiesenFlächen. Fast immer schimmert ein fast weißer Grund durch: als erinnere es an den Steingrund dieser Landschaft. Richters Farben muten an, als wären sie aus einem Dunkel-Erdschacht gebrochen. In seinen Pastelltempera-Bildern entstehen Farbbrechungen und Helligkeitsabstufungen: als pulsiere darauf das Licht. Und die mit Schwarzpigmenten gewonnenen Dunkelabstufungen... Auf manchem Gemälde ist der kalt herüberwehende böhmische Wind farbeisig zu spüren. Abbilden und zugleich Neusehen: das ereignet sich hier.

Und dann seine Kohlezeichnungen... Wie da das Elementarschwarz auf büttendunklem Grund zu leuchten beginnt... Wie da Umrisse genügen... Wie da eine Schraffur einen Waldzug in seiner Dichte wie ein Lebewesen erfaßt... Wie Einzelbäume erkennbar bleiben... Wie da das Wintereisige brennt... Wie da ein Hohlweg tiefgefurcht in der Erde verläuft... Die Schönheit der Dinge teilt sich erst mit, weil der Maler ihr seine Zuneigung zeigt – und mit einem Mal erscheinen seine Landschaften wie Bittgemälde: so möge das Dargestellte fortbestehen... Alles Alte erscheint hier wie herangereift und bewährt...

Ich sah auch Bilder aus jener Zeit, da Anton Richter Sanitätssoldat in Albanien gewesen war... Und in seinen Fichtelgebirgsbildern strahlt jeweils eine Jahreszeittemperatur... Frostglut und Tauschmelze – und dieses nur hier zu erlebende Violettweißgrau...

Dann hatte ich eine Kohlezeichnung in der Hand... Ich scheute mich fast, sie anzufassen: würde ich nicht die frisch aufliegende Kohle verwischen? Das Bild ist ein Hymnus auf einen Weg zwischen schwarzen Zäunen.... In jeder Hauslinie, in jeder Fluchtlinie zeigte sich die zusammenfassende und weitertreibende Kraft der Zeichenkohle: sie führt den Blick übers Sichtbare hinaus... Es war, als wäre in dieser lavaartigen Kohle noch eine Erdglühkraft, und also Erdkraft darin aufgestaut... Ein Bild wie ein Ikonenfenster: in den Himmel einer Landschaft... Und dann war ich ganz baff, als mir die Frau des Malers diese Kohlezeichnung schenkte, die ich seither hüte und liebe... Beschenktwerden und als Beschenkter weiterschenken: Diese Kraft zeichnet ein Kunstwerk aus – und nicht ohne Wehmut denke ich daran: wie rasch ein Lebenswerk ins leichtfertige Vergessen geworfen wird...

Die Bilder von Anton Richter sind ein Schatz – und es steht zu hoffen, daß sein Heimatort Schwarzenbach an der Saale dieses Vermächtnis würdig bewahrt: also nicht nur aufhebt, sondern vorzeigt. Die „Erinnerungen an einen Freund“, von Georg Haas, 1980 bei der „OVA“ in Hof erschienen, bilden dazu einen Grundstock. Ob in den Dorfbildern, den Landschaftsbildern oder in den Bildern aus Albanien und vom Meer: jedesmal ereignen sich da malerische beziehungsweise zeichnerische Begegnungen, die so dicht sind, daß alles Überflüssige herausgebeizt ist – allein das Wesentliche mit seiner ganzen Kraft tritt in Erscheinung.

Es ist in diesem Zusammenhang auch einmal aufschlußreich, sich den Wandel in der Landschaftsauffassung zu vergegenwärtigen, der sich im Laufe der Zeit ereignete: wenn man von Anton Richters Bildern ausgeht und sich dann einmal den Ansichten des Hofer Malers und „Zeichenlehrers“ Georg Könitzer (1818 - 1885) zuwendet. Wie dieser Bürger Hofs anno 1854 jene Eisenbahnbrücke über die Saale gemalt hat: die genaue Wiedergabe eines Landschaftsausschnittes wird getragen von einem pastosen Olivgrün und der Blick reicht weit zum Horizont unter hellem Himmel – und dabei ergibt alles Akkurate letztlich eine stimmige Atmosphäre. Es ist das Verdienst von Winfried Schmidt, dem in Nürnberg lebenden Maler-Professor, daß er während seiner Bayreuther Lehrtätigkeit diesen bedeutenden Mann aus Hof mit einem Buch 1985 gewürdigt hat.

Im selben Jahr erschien ein ganz anderes Malerbuch: „Wir verschweben – Wir verschwinden“; es enthält Aquarelle des anderen Malers aus Schwarzenbach an der Saale: von Adrian Arthur Senger.

Während der letzten Jahre bin ich mehrfach mit ihm zusammengetroffen: in seinem lebendigen Maler-Haus in der Bahnhofstraße, bei gemeinsamen Unternehmungen: wenn er ausstellte und ich aus meinen Büchern vorlas – sei es in Rehau oder in Wunsiedel. Adrian Senger ist gebürtiger Unterfranke, 1926 in Maidbronn bei Würzburg geboren. Er war im Krieg, er hat bei bedeutenden Lehrern, wie Emil Pretorius, studiert; er war als Grafiker tätig – und dabei hat er über zehn Jahre in Italien gearbeitet; seit 1971 lebt er als freischaffender Künstler in Schwarzenbach an der Saale, von woaus er auch einen fünfjährigen Lehrauftrag an der Fachhochschule in Coburg wahrnahm. Zu seinen zahlreichen grafischen Arbeiten gehören auch gelungene Entwürfe zu Banknoten.

Eugen Gomringer, der KunstAnreger und KunstVersteher, schrieb zurecht in jenem Malerbuch: „Auch ist die Kunst des Malens eine eigene Sache und nicht die von Fakten...“

Was mich an Adrian Sengers Landschaftsaquarellen so fasziniert, ist seine Fähigkeit, das jedermann Sichtbare zu einem Farbeindruck zu verwandeln. Diese Bilder hängen nie sklavisch am sichtbaren Gegenstand – sie sind ganz freie Eindrücke, in denen das Erlebnis von elementaren Farben eine besondere Rolle spielt.

Was für hohe Himmel hat er zu Bildern verwandelt...
Was für ein Licht ist um seine Berge...
Wie träumerisch schön können Wolkengebirge sein...
Was für herrliche WolkenLichtSpiele über den Höhenzügen des Fichtelgebirges...
Oder, nach Hans Arp:
„Die Erde und der Himmel durchdringen sich“...
Mit welcher lustvollen Leichtigkeit halten sich Bäume als Säume an einem Gewässer...
Was für ein Zusammenspiel zwischen Weidengrün und WolkenTintenBlauschwarz...
Diese Andacht: wenn der Pinsel eine einzige Boden-Wellen-Linie zieht – und darauf blühen zwei Bäume das Herbstrot in den hoffnungshellen Himmel...
Und wie schönweiß kann Schneeweiß sein...
Malen kann also auch Land-Lieben sein...

Wenn zu einer bestimmten Winterstunde Bäume, Häuser, Hügel und eine Kirche im selben Gewand das Wetter ertragen...
Aquarelle malen: allem etwas Anmutiges absehen beim tiefen Hineinschauen...
Schwarzenbach an der Saale... Wo Jean Pauls Vater als Pfarrer

von 1776 bis 1779 tätig war, wo der Dichter selbst in sehr ärmlichen Verhältnissen von 1790 bis 1794 eine private Lateinschule unterhielt...

Schwarzenbach an der Saale: mit dem langgestreckten zweigeschossigen Bau des einstigen Schloßes der Grafen von Schönburg...

Schwarzenbach an der Saale, von zwei Eisenbahnlinien durchzogen, nahe am Förmitzspeicher: wie da das Waldsteingebirge eine kleine Bucht gebildet hat – mit Martinlamitz darin – und dann geht es hinauf zum Großen Kornberg. Diese großen, unverwechselbar weitgezogenen und von ferne nie schroff wirkenden Gebirgsberge des südlichen Hofer Landes: auch ihnen gilt Adrian Sengers malerische Zuwendungskunst.

VORMITTAGE IN SELBITZ

Naila
Selbitz
Hof-Nord
Bad Steben
Auf dem Autobahnschild vier Ziele: Wenn einmal keines als Arbeitsziel vorgegeben ist, könnte es sein, daß das eine plötzlich zu winken beginnt – komm doch mal!
Rund 5000 Menschen wohnen in Selbitz, dessen Siedlungsgebiet zwischen 505 und 640 m Höhe liegt – nahe der A 9 und der A 72; aber das verrät das Schild freilich nicht.
Wohnhäuser
Baumfleckentupfer
Hohe Schornsteine
Ein gelber Kran
Ein Schieferhelm
Die Autobahn verlassen und umsteigen – einsteigen in einen Ort, von dem keine Werbespektakel im Umlauf sind, denn manchmal will man nur das eine sehen: Alltag.
Echt, also ungeschminkt – danach hungert´s einen manchmal, wie nach einer Scheibe trockenem Brot.
Wie behaglich der Ort in einer Talmulde hockt, liegt, sitzt, verankert und da ist: an zwei echten Bächen.

Auf einem Steintrog, wie ein Einbaum geschnitten aus dem Fels, spielen zwei „Bockpfeifer“ auf: Brunnenmusikanten. Ach, sind solche Hinweise nicht schon Sinnbilder? Wenn ein Ort leibhaftige Musikanten hat, die „Selbitzer Bockpfeifer“, und bei Festumzügen spielen sie auf.

Die „Bockpfeifer“, einst Bettelmusikanten, mit einem Instrument, das mit dem Dudelsack verwandt ist, schmücken als Wahrzeichen die Stadtfahne.

Einfamilienhäuser mit grünbunten Gärten
Geschäfte und Gewerbebetriebe und Gehöfte
Alles in einem Gleichgewicht, so scheint es; Zauber des Alltäglichen.
Sachte Hausfarben
Wirtshäuser und Schilder
Winkel und Walmdächer
Leibhaftig und unverstellt, kein falsches Image weit und breit: Sehen so nicht die Oasen des Natürlichen aus? Städtisches und Dörfliches in einem: Ist dieser Ort nicht ein Geheimtip: Ost-Tor zum Frankenwald...
Eine Schieferhelmkirche
Ein Gelbturmschloß
Ein Haus-der-Stille-Haus

Ohne Zeichen, die segnen, gedeiht keine Stadt – das steht zwar so in keinem Handbuch der Wirtschaft, aber die Bewohner wissen es auswendig: was wäre der Ort ohne die evangelische Kirche im Markgrafenstil, mit doppelt umlaufenden Emporen? Was wäre der Ort ohne die Heidenreichorgel hinter dem Kanzelaltar? Was ohne das Schiefer-Schindel-Dunkel des Turmhelms?
Wasser zum Teich geweitet
Straßen zum Platz ausgebuchtet
Verbindungen sind platzschaffend
Wasser schenkt Stille

In der Herzmitte des Ortes, und schon deshalb nicht fehl am Platz, der alte Kirchhof – und der Volksmund benannte nach einem sehr geheimnisvollen afghanischen Prinzen den „Ammanulla-Platz“...
Einfamilienhäuser
Schafherdenverwandte Ansiedlungsform
So wie es Politiker mit den Bewohnern können müssen, so muß es auch ein ganzer Ort mit der Zeit können: damit die Zeit ein warmblaues Rund bildet – wie an der Kirchturmuhr: nicht aus der Fassung zu bringen.

Umstellungsfähig, willig zu Nutzungsänderungen: Das zeichnet die standfesten Betriebe aus. Dann bleibt ein aufnahmebereiter Ort über Jahrhunderte anziehend.

Das Mantelfutter der Häuser aber sind Vereine: Von der Zimmerstutzen-Schützengesellschaft bis zum Modellbahnclub; und die Freiwillige Feuerwehr heißt im Volksmund „des Bürgermeisters Miliz“ – sie betreut zusätzlich einen Abschnitt der nahen Autobahn.

Christusbruderschaft: Eine evangelische Gemeinschaft – mit einem Gästehaus. Was wäre der Ort ohne solchen Segensdienst, ohne solche Gegenwart? Und plötzlich kann einem Selbitz auf der Frankfurter Buchmesse begegnen: am Stand der Christusbruderschaft...
Spielen und Aufspielen
Aufatmen und Ausgehen
Ausschau halten und einkehren

Vor dem weiten Horizont des Frankenwaldes: Plötzlich springt die Stimmung um – man atmet nicht nur mit eigenen Organen, man schnauft tief ein: mitsammen der Lunge der Landschaft. Nicht nur die dazugehörigen Ortsnamen Rodesgrün und Weidesgrün sind kleine Hymnen aufs Fichtenwald- und Frankenwald-Grün – auch Maibäume verherrlichen es, nach altem Brauch; und neuerdings gehört auch das Schmücken von Osterbrunnen dazu. Was wäre der Ort ohne solche Zeichen?

Im Echtgrünen zuhaus: Ist das nicht manchmal unsere Sehnsucht? Manchmal wird sie erfüllt: Man erschließt sich die Mitgift der Landschaft ringsum – wandernd, auf dem „Eselspfad“ oder nach „Wacholderbusch“, zum einstigen Moor oder zu aufgelassenen Steinbrüchen... Plötzlich steht man am klippensteilen Rand eines Steinbruchsees. Tief drin, in einer steilwandigen Diabasschlucht schimmert der „Königsee“: im harten Gestein ein Seekristall, seltener Vögel Zuflucht. Solche

Wasseraugen behält das Gedächtnis besonders gern.
Brücken und Stege
Bilder von Erich Ludwig und Anton Richter
Rathausschmuck

Und selbst der am Ortsrand angelegte neue Friedhof zeigt etwas von der Fähigkeit, auch diesen Ort ins Alltagsleben einzubeziehen: ein Schonplatz, ausgesucht für die Verstorbenen, mit Bänken für die Lebenden... Zauber des Nebeneinander und in der heimischen Industrie die Bereitschaft, einen Vorsprung zu halten...
Grabsteinmacher
Druckerei und Färberei
Schuhe und Zwirnerei
Farben und Lacke

So bunt ist hier alles gemischt. Das Hallenbad mit seiner Sauna ist so in die Hanglandschaft gebaut, daß es wie eine Freiterrasse wirkt: Ein Wintergarten des Sommers – und im Nahwald führen Sommerwege am Winterholz vorbei. Erlenreiche – und dieses Immerzu-Behagen an „klaana Heisla“... Das eigene Haus... Und immer wieder verknüpft mit allen; Wenn Wiesenfeste gefeiert werden; für eine Weile ist der Schützenkönig wirklich König... Dazu das „Haus der Stille“ der „Christusbruderschaft“: so oder so – wer möchte leben ohne ein „Seelbad“ zwischendurch... Hier ist das Wiesenfest hoch im Kurs: Nationalfeiertag einer kleinen Stadt.
Evangelische Mehrheit
Katholische Minderheit
Evangelische Methodisten
Adventisten-Gemeinde in Hüttung
Türken
Nachbarschafts-Tschechisch

Und wer in einem Privatquartier logiert, kann nach Feierabend den oberfränkischen Genußsatz hören: „den lieben Gott an guten Mooh sein lassen...“
Preisschafkopfen
Eingleisige Bahnstrecke Hof-Bad Steben
Ja, dieses freie HineingehenKönnen in eine Landschaft... Nach Thüringen nur noch ein Katzensprung... Geschützt gelegen und dank seiner guten Lage offenbar nie verlegen... Plötzlich ist der Vormittag ganz groß – auf dem roten Grund der Stadtfahne spielt ein Bockpfeifer auf: ich hör´ seinen Klang aus den drei Dudelsackröhren aufsteigen – quellbrunnenhell.

HARMONIE IN LICHTENBERG

Hartnäckig verwehte Winterwind die Straße mit Schnee. Der Weg führte durch Hölle – nach Lichtenberg.

Auf einem Berg liegt Lichtenberg. Der Schnee brachte die hellen Farben der Häuser des Marktplatzes zum Leuchten.

Oberhalb dieses engen Beieinanders liegt das Wirtshaus – mit einem Namen aus der Gründungszeit von Sängerbünden: Die „Harmonie“. Das ist ein Name mit unaufhörlicher Aufforderung – nicht jeder Ton harmoniert mit jedem, aber es gibt diese Zauberakkorde...

In den Wirtsstuben sind die Wände ringsum mit nachdunkelndem Fichtenholz getäfelt; das spricht das Auge an und wärmt, wie der mattgrüne Kachelofen.

Es ist ein Glücksfall, wird man auf so ein Haus aufmerksam gemacht...

Bevor der Blick durchs Fenster zum Schneetreiben hinausschweifte, streifte er mächtige Brocken von Feldspaten, die auf dem breiten Fensterbrett liegen. Merkwürdig, wie sich im Erdinneren Kristallformen gebildet haben mit geradezu geometrischer Klarheit...

Müßte man hier nicht eine Woche bleiben: Wandern, am Musik-Haus „Marteau“ vorbei, und dann jeden Tag eine Schicht tiefer in das reiche Bergwerk der oberfränkischen Küche... Zu „Ausgezonga“, den ausgezogenen Pfannkuchen und zu „G´fillta“, den gefüllten, zu „Heffnglees“, den Hefeklößen, zu „Kimmlstella“, den Kümmelbrötchen und zu „Nackerter“, dem glatten, runden Blechkuchen, zu „Schnitz“ und „Schwaaß“, zur Hofer Gemüsesuppe und zum gebackenen Blut...

Es gibt also Orte, an denen Speisekarten-Verheißungen und Küchen-Versprechungen mit dem übereinstimmen, was dann auch auf den Tisch kommt: Schmaus-Harmonie – auch das ist hier möglich. Das Einheimische ohne exotischen Firlefanz...
Wenn es dann draußen noch heftiger schneit: als wäre das Wirtshaus jetzt ein Synonym für Pelzmantel... Plötzlich ist dir, als sähst du überm Schneegeflimmer nicht nur die Schieferspitze der Burg Lauenstein, sondern auch das Leuchtrot jenes Eingangsobjekts zum Gelände der Landesgartenschau am Saalepark in Hof... Lag´s am Schnaps nach dem „Schweinebroutn“? Das schier Unendliche Oberfrankens schreckte dich jetzt überhaupt nicht.

FLECKGRÜN

Von WeidesGRÜN nach HadermannsGRÜN.
Von LippertsGRÜN zur Rodungsinsel HermesGRÜN.

Zu einem Wirtshaus nach CarlsGRÜN – und dort die „SchrotBauweise“ in Augenschein nehmen.

Wenn schon nicht zur Wallfahrt, dann wenigstens zur Jakobuskapelle in GeroldsGRÜN, wo einst Schwarzer Marmor gebrochen wurde und ein Stollen „Schwarzer Mohr“ hieß, der andere „Dreyfaltigkeit“.

Zum Schluß nach „Grejsgrej“, was wie „GrasGRÜN“ klingt, aber ChristusGRÜN meint...

Ob Dorf oder Stadt, viele Kommunen haben mit erheblichem Aufwand ihr Ortsbild durch gelungene Sanierungsmaßnahmen verschönert.

Bild rechts: Innenstadt von Münchberg.
Bild oben: Dorfidylle in Issigau

ZONE

NAILA – AUCH NAALA GENANNT

Noch bevor ich zum ersten Mal nach Naila gekommen war, hatte ich den Ortsnamen ganz anders ausgesprochen gehört: es war in einem Prosastück des 1935 in Naila geborenen Otto Sahmann – und da las ich, dass der „Oda", sein „Gruußvatter", „ze ouns nooch Naala hott kimma kenna…" Ach, diese oberfränkischen Vokale: wie eigensinnig sie mal lang, mal nadelkurz klingen…

Naila – Naala: Auch das war einmal eine kleine Hauptstadt: als Mittelpunkt des einstigen Landkreises Naila.
Naala: mit Berufsschule, Gymnasium, Fachschule für Bekleidungsindustrie und Krankenpflegeschule im einstigen Kreiskrankenhaus…

Naila – Naala… In Gedanken mache ich eine kleine Runde durch den einstigen Landkreis:
Bobengrün – mit seinem Marmor, der „Deutsch-Rot" heißt.
Döbra – was für ein Klangname, und wenn du dann vom Döbraberg weit hineinschauen kannst ins Land.
Beim Namen der „Dorschenmühle", an der Wilden Rodach, muß ich an die „KriegsRüben" denken: die Dorschen.
Und was für Bilder stellen sich ein, wenn ein Weiler „Erbsbühl" heißt…

Und wieder so ein Weilername, einstiges Bergbaugebiet: Mordlau.

Räumlas – im geräumigen Umland, etwa im Thiemitztal, kann man sich´s noch vorstellen: als da Holzkohlenmeiler räucherten…

Mit der Rauschenhammermühle verbindet sich für mich ein seltsames Wort: „Floßteich" – kein Fischteich, sondern einer, wo die Flöße ablegten mit den wilden Rodachflößern.

Auch Unterklingensporn ist so ein Klangname – gut zu merken wie der Scherzname für jene Obergeschosse mit verputztem Fachwerk in Volkmannsgrün: den „Schnepfen".

Walmdächer, Frackdächer – und Krüppelwalmdächer mit Gauben: in Windischengrün.

Naila/Naala – wie ein langgezogenes Dreieck liegt die Stadt mit ihrer Grundlinie am Wasser der Selbitz, deren Name so fischwasserhell klingt, und deren Verlauf hier von der Bahnlinie wie unterstrichen anmutet.

Naila/Naala – und mit einem Mal, für einen kurzen Augenblick, schnalzen die Raubfische der Geschichte heraus und erinnern an das Kurzfristige: Noch nach dem 30jährigen Krieg waren im Nailaer Bergamtsrevier 53 Gruben in Betrieb, zur Gewinnung von Kupfer, Eisen und Blei – auch das längst vorbei. Das alte Lied, das uns unter den Stichworten Globalisierung und Osterweiterung Europas mit Seitenstechen erneut zusetzt: Die billiger arbeitende ausländische Konkurrenz brachte den Bergbau um 1800 rasch zum Erliegen. Und doch, und dennoch: auch Naila/Naala gab nicht auf und der ganze Landkreis wurde nach 1945 zu einem der dichtestbesiedelten und industriereichsten Bayerns.

Naila/Naala – mit seinem gut bebautem „bergauf", mit seiner den Marktplatz beherrschenden Kirche, die ein Leuchterengel schmückt. Dazu das Lebendige in den Straßen – Wohnhäuser und Geschäftshäuser in städtischem Nahbeieinander. Schön auch die Mosaiken und farbigen Fenster der 1961 erbauten katholischen Kirche.

Wandel, Veränderung und Bleiben und sich halten – wie im ganzen Hofer Land ist auch hier zu spüren, daß die einstigen Beziehungen zu Plauen wiederbelebt werden – mit Plauen ist ein neuer Stadtmagnet für diese Gegend hinzugekommen.

Und wie es sich manchmal so fügt… Wenn so eine Stadt eine gute Buchhandlung hat, dann gehen so manche Türen auf, so daß manches mit einem Mal besser zu verstehen ist. Auch in Naila/Naala ist ja unüberhörbar das Thüringische und Sächsische zu hören – und mit einem Mal hatten wir, von Naila/Naala aus, Lust auf die Lebenserinnerungen der weithin bekannten Schauspielerin Angelica Domröse aus der einstigen DDR: „Ich fang mich selbst ein".

Ein hinreißendes Buch über das Innenleben jener Republik, wo es – freimütig gestanden – auch die „Schallmauer der Intrige" gab, wo etwas „Großes zugleich auch ganz klein sein konnte". Es ist ein Buch zum Geschichte-Nachholen; was für feine Unterschiede oft: anstelle des geächteten Westworts „Star" sagte man drüben „Fernsehliebling". Da wird nach und nach klar, daß diese DDR für viele ihrer Bewohner weit mehr war als nur Staat, in dem die meisten Kommunisten besonders stolz auf ihre „Immunität gegen Sinnesänderungen" waren und die Stasi Ausdruck der Hysterie unsicherer Leute. „DDR" als Heimat, als Geborgenheit unter Bekannten – wo trotz aller Unterwerfung eben Bücher Geborgenheit bedeuteten. Gewiß, da gab es die Spannung zwischen „Weggeher" und „Dableiber"; gewiß, da gab es Bevorzugte, wie etwa den Schauspieler und späteren Reklamemacher für „Anwalts Liebling", den die Domröse immer nur den „drittgrößten Antiquitätensammler der Republik" nennt; gewiß, da gab es Menschen, die es sich leisten konnten, „keinen Sinn für Geld zu haben" – mit jenem Blechgeld war ja ohnedies nur wenig zu bekommen, und eben das ermöglichte so ein Zwischenreich persönlicher Freiheit. Erfrischend freimütig gesteht die Schauspielerin: „Ich mochte das an der DDR: sie war im Grunde eine prämonetäre Gesellschaft." Und dann auch für sie eine Art von Verlustschmerz, als dieses Gebilde verschwand in einem größeren Deutschland. Ich meine, wer so nah an der einstigen Zonengrenze lebt, sollte sich derlei Empfindungen stellen – sie gehören zur Mitgift. Mögen wir noch so den Kopf schütteln: für manche war das DDR-Ende nach der Wende eine Art „SuperGAU".

Was das denn unmittelbar mit Naila zu tun habe? Die Antwort gab mir, ohne Absicht, ein Bewohner von Naila, der einmal sagte: Man müsse das wissen von der Geschichte dieses Ortes – kein Ereignis war so einschneidend wie das Feuer vom 3. August 1862. Diese Brandkatastrophe, die den Großteil der Stadt in Schutt und Asche legte, war Nailas „SuperGAU". Nur vor diesem Hintergrund kann man den Neuaufbau nachvollziehen. Ja, und eben diese Niederlage war das Zeichen zum Neaufbau. Und wirklich: dieses Naila/Naala hat nach dem 3. August von 1862 wieder „bei Null" begonnen – und mir kommt vor, als ob sich die Bewohner an eine Maxime Goethes gehalten hätten, der 1817 angesichts eines besonderen „Chaos" (in Jena) sich sagte: „Hier blieb also nichts übrig, als die Hindernisse für Null zu erklären..." Etwas von dieser entschiedenen Kraft ist beim Gang durch die Stadt Naila zu spüren – wenn man etwas von ihrer Geschichte weiß.

ALS ULLITZ WIEDER WIRKLICH WAR, WAS SEIN NAME BEDEUTET... Querverbindungen

Manchmal, wenn auch selten, ereignet sich etwas – und so ein „etwas" ist dann mehr als daß eben bloß etwas passiert: so ein „etwas" hat mit einem Mal dann eine symbolische Bedeutung. Es war im wundersamen Jahr 1989 – als ob schon lange gärende Flaschen ihre zwangsweise aufgepfropften widernatürlichen Korken absprengten.

In diesem „annus mirabilis" kapitulierten die Trennzäune und fast schlagartig fielen die Schlagbäume an der innerdeutschen Grenze. Mit untrüglichem Sinne machten sich Bewohner der DDR auf – als wüßten sie noch genau, wo ureinst Wege „hinüber" waren, die im Dornröschenschlaf des absoluten Verbots zugewuchert waren... Wo also westlich von der Feilebach-Talsperre zwar eine Straße westwärts führte, aber eben kein Grenzübergang war, da machte sich an einem dieser Tage eine ganze TrabbiKarawane auf; die knatternde Kolonne scherte sich nicht um die Beschaffenheit des Weges – sie fuhr einfach westwärts, und das erste Örtlein „drüben" hieß Ullitz. Wer von den „Ossis" hätte, nach soviel Jahren unter sowjetrussischer Vormundschaft, daran gedacht, daß in diesem oberfränkischen Ortsnamen ein uraltes slawisches Wort steckte... Und den „Wessis" war ohnedies alles Slawische nur eine Welt zweiter Klasse.

Die OstKarawane passierte also die Grenze auf einer Straße, die eher einem improvisierten Feldweg glich – und just in diesem Augenblick der Freiheit, da wurde Ullitz wieder zur „ulica", also zur Straße.

Namen aus fernen Zeiten tauchen auf: Die Herren von Laineck, die von Stain, von Bodenhausen, von Plotho, von Beulwitz – und immer wieder einer von Feilitzsch...

Sagte einmal Alexander von Feilitzsch: je näher er aus dem Süden heraufkomme nach Norden, da werde es seiner von woanders herstammenden Frau immer kälter, während es ihm immer wärmer ums Herz werde... Es ist ja gut nachvollziehbar: wenn man einmal das Frische, das Freie dieser Luft mit ihrer weithimmligen Landschaft derschmeckt hat...

Wie verborgene Kostbarkeiten: Schlösser im Hofer Land – Brandstein, Döhlau, Issigau, Konradsreuth, das englische ZinnenTürmlein am Schloß in Oberkotzau...

Reitzenstein
Rudolphstein
Schauenstein
Schloßgattendorf
Zedtwitz

Müßtest du als der „Gern-Oft-Hier" jetzt nicht eine der ältesten Siedlungen an der oberen Saale aufsuchen: Oberkotzau, wo im Schloß einst von der evangelischen Stadtmission in Hof ein beispielhaftes „Heim für heimatlose Mütter" eingerichtet worden war...

Nun denn: der „Gern-Oft-Hier" hebt sich manches für später auf – die Reliefbildnisse auf den Marmor-Grabsteinen von Oberkotzau und die Pfarrkirche St. Jakob...

Und in Konradsreuth, da klapperten einmal in 38 „Trüpfhäusern" die Webstühle...

Und Köditz wurde anno 1632 fast völlig von Kroaten niedergebrannt...

Der „Gern-Oft-Hier" notiert sich manche Stelle: „Für später!" Und wie er so auf die Landkarte schaut, da fällt ihm, im heutigen Sachsen, ein Ortsname auf: Gutenfürst. Komisch, daß dieses Örtlein zu DDR-Zeiten nicht umbenannt wurde, um nur ja nicht an gute Fürsten zu erinnern...

Gutenfürst... So hieß der Ort: Es war 1974; ich war damals mit einer kleinen Gruppe des „Demokratischen Kulturbundes" ganz offiziell in die DDR eingeladen; trotzdem mußte ich am Grenzübergang „Bahnhof Friedrichstraße" in Berlin eines meiner Bücher abliefern, weil darin ein Text gegen die „Panzer in Prag" stand. Es half alle Intervention nicht: Derlei erlaubten die Grenzwächter der Ostzone nicht – bei der Rückreise hätte ich das Beschlagnahmte wieder mitnehmen können, aber der Zug von Leipzig fuhr eben über Gutenfürst. Das Bahnhöflein dort mutete wie aus einem Wildwestfilm an; lauter tote Staffage – außer Schwerbewaffneten war da kein Leben; es war wie ein Halteplatz in einem Lager für Schwerverbrecher... Und auch das ist nun längst vorbei.

Östliches und westliches Europa kommen einander näher; auch die persönlichen Verbindungen werden dichter. Ich erinnere mich noch, wie ich im Neuschnee ins nicht mehr von der Grenze abgeschnittene Harra fuhr, ins nun nahe Nachbar-Thüringen: zur Lesung während eines Adventssingens... Hinter Bayreuth war´s finster geworden, dann schneite es – die Zeit wurde immer knapper; es war die Hölle im oberfränkischen Schnee. Der Berg in Blankenstein, das Kopfsteinpflaster; Schneewülste an den Dorfstraßen... Endlich geschafft! Als in der thüringischen Kirche die Volksmusik erklang, war´s wie bei einem Familienfest – ein Jahr nach der Wende.

Und ich werde nächstens Frau Dr. Eleonora Zakharko in Hof befragen; sie arbeitet nämlich beim Staatlichen Wasserwirtschaftsamt in Hof und ist als gebürtige Ukrainerin mit einem Deutschen verheiratet... Wäre doch auch ein schönes Zeichen: wenn diese Verbindung als bleibendes Band hielte.

Im 11. Jahrhundert entstand an Saale und Selbitz der ostfränkische Teil des Radenzgaues, den zunächst die Markgrafen von Schweinfurt verwalteten.
Das Geburtsjahr des heutigen Landkreises war 1852, als Distriktsgemeinden in Form von Gemeindeverbänden geschaffen wurden. Von einer dem Bürger verantwortlichen Selbstverwaltung kann aber erst ab dem Inkrafttreten des Bayerischen Selbstverwaltungsgesetzes im Jahr 1919 gesprochen werden. 1952 wurde die bayerische Landkreisordnung neu gefaßt.
Am 1. Juli 1972 trat die Gebietsreform auf Landkreisebene in Kraft. Seitdem und mit der Gemeindegebietsreform 1978 hat der Landkreis Hof seine heutige Struktur. Hervorgegangen aus den ehemaligen Landkreisen Münchberg, Naila, Rehau und Hof gehören dem Landkreis Hof jetzt 27 Städte, Märkte und Gemeinden an.

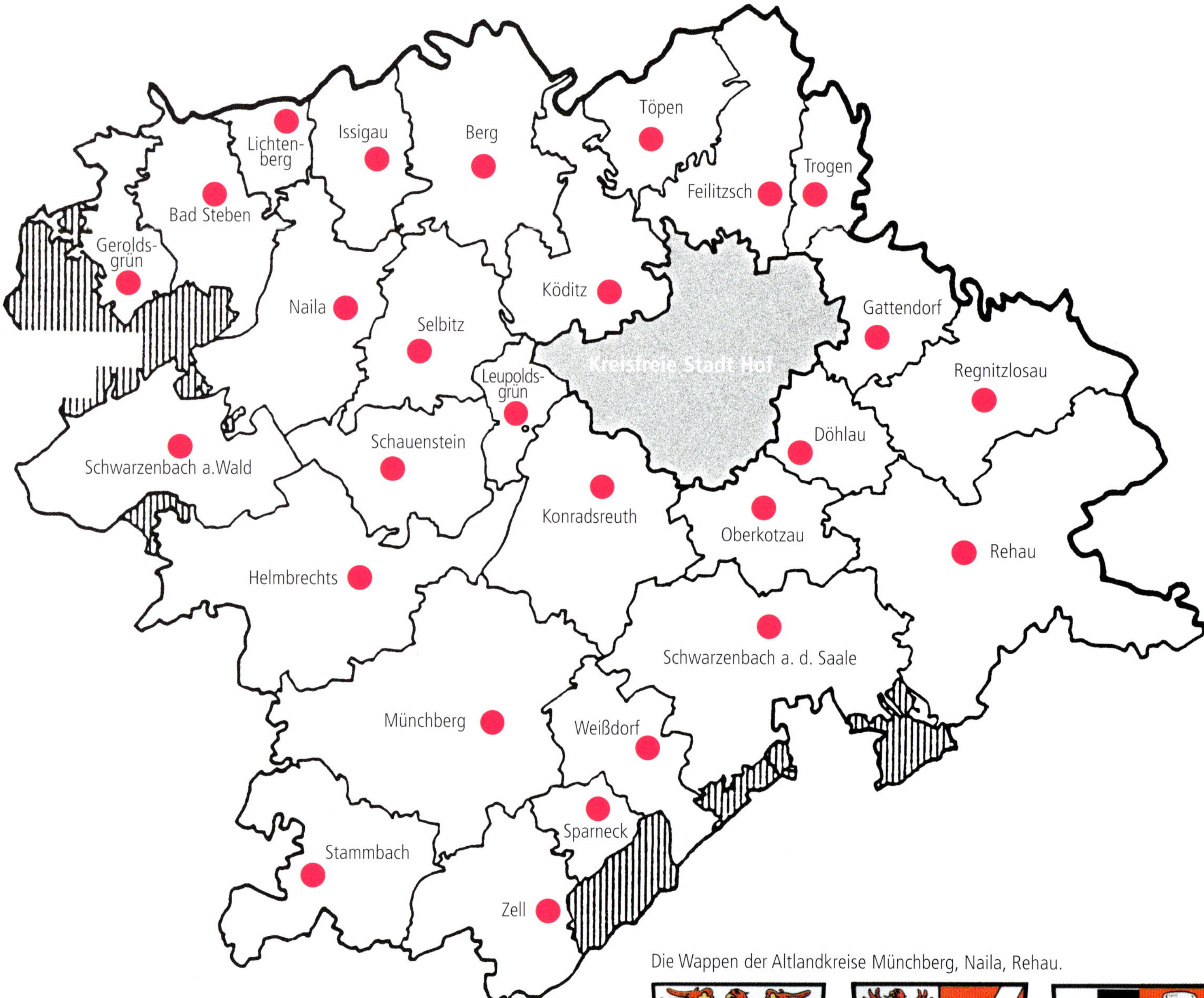

Die Wappen der Altlandkreise Münchberg, Naila, Rehau.

BAD STEBEN

Die Marktgemeinde Bad Steben ist mit 600 Metern das höchstgelegene Bayerische Staatsbad. Die Entstehung Stebens auf einer Rodungsinsel wird mit der Gründung einer Urpfarrei um 1144 datiert. Erste Grundherren waren die Grafen von Orlamünde. Bereits 1029 sollen um Steben Schmelzhütten und hochofenähnliche Zerrennfeuer bestanden haben. 1533 ließ Markgraf Alcibiades Ort und Säuerling verwüsten. 1690 wird im ersten Kurhandbuch der „berühmte Säuerling" gepriesen; reitende Boten holten das Heilwasser. 1793 gründete Alexander von Humboldt die „Königlich freie Bergschule zu Steben". 1808 wurde unter französischer Herrschaft eine Straße vom Dorf zu den Heilquellen gebaut. 1857 endete die Bergbauepoche, es entstanden Handweberei und Handstickerei. 1834 wurden die Heilquellen vom bayerischen Staat gekauft, die Wandelhalle wurde 1838 gebaut, es folgten Badehaus und Kurhotel. Im Jahr 1897 Eröffnung der Bahnlinie nach Hof, seitdem stetige Aufwärtsentwicklung des Kurortes.

Die Gemeinde liegt in 640 Metern auf einem Hochplateau über dem Saaletal. Das Gemeindegebiet hat eine Fläche von 38,93 qkm. Möglicherweise war Berg Schnittpunkt frühgeschichtlicher Handelswege. 1373 ging der Ort nach langen Kämpfen an Burggraf Friedrich V. von Nürnberg. Die Herren von Berg hatten ihren Sitz auf einer Burg in der Nähe der Kirche. Vom 16.-18. Jahrhundert wurde im Berger Winkel intensiv Bergbau betrieben, zahlreiche urkundlich genannte Grubennamen sind Zeugnis dafür. Heute ist Berg eine gemischtwirtschaftlich orientierte Großgemeinde und das Zentrum des „Berger Winkels". Außerdem liegt die Abfahrt Berg der Autobahn Berlin-München A9 genau in der Mitte: Zu den beiden Metropolen sind es jeweils 300 km. An Sehenswertem mangelt es nicht: Der Skulpturenpark im Ortsteil Eisenbühl, die Saalebrücke bei Rudolphstein oder Gottsmannsgrün mit seiner über 460 Jahre alten Brauerei. Viele Wanderwege, wie der „Gerbersteig" führen durch das Gemeindegebiet. Als aufstrebende Wohngemeinde ist Berg auch für ein Zuhause im Grünen attraktiv.

DÖHLAU

Die Gemeinde mit einer Gesamtfläche von 15,25 qkm liegt in unmittelbarer Nachbarschaft südöstlich von Hof und war einst altes Reichslehen mit einer Wasserburg und zwei Vorwerken. Im Jahr 1390 hatte das Dorf drei Adelssitze. Der Ort hat mit dem 1701-1702 erbauten Schloß und seiner Pfarrkirche zwei bedeutende Bauwerke. Der Kanzelaltar aus der Knoll'schen Schule in Hof enthält eine kunstvoll geschnitzte Abendmahlsgruppe. Eine weitere Kostbarkeit ist die Barockorgel des vogtländischen Orgelbauers Adam Heinrich Gruber. Das heutige Döhlau ist mit den Ortsteilen Kautendorf und Tauperlitz als Wohn- und Industriestandort gleichermaßen attraktiv. Mit dem Quellitzsee in Tauperlitz hat Döhlau eine moderne Freizeiteinrichtung.

FEILITZSCH

Der Ort mit einer Gesamtfläche von 30,21 qkm liegt 504 Meter hoch. Der Ort ist Sitz der Verwaltungsgemeinschaft mit den Gemeinden Gattendorf und Trogen. Feilitzsch war Stammsitz der gleichnamigen Familie, die im 13. Jahrhundert eine Ritterburg mit Wassergraben angelegt hat. Das Gutshaus der Freiherren von Feilitzsch wurde im Jahr 1747 erbaut.
Gute Verkehrsanbindungen zur Bahn und zu den Autobahnen machen Feilitzsch attraktiv. Der Schulort ist von Landwirtschaft, Handwerks- und Dienstleistungsbetrieben geprägt und besitzt herrliche Wohngebiete.

GATTENDORF

Gattendorf hat eine Gesamtfläche von 22,19 qkm und bildet mit Feilitzsch und Trogen eine Verwaltungsgemeinschaft. Der Ort setzt sich aus den Hauptorten Kirchgattendorf, Neugattendorf und Schloßgattendorf zusammen. Urkundlich wird Gattendorf im Jahr 1234 erstmals genannt. Mit der Kirche und dem Schloß hat der Ort zwei sehenswerte und über die Grenzen weit sichtbare Baudenkmäler. Kirchgattendorf wurde aufgrund der wunderbaren Dorfgestaltung im Jahr 2002 zu einem der schönsten Dörfer Deutschlands mit Gold gekürt.

Die Gemeinde hat eine Gesamtfläche von 15,57 qkm und ist auf einer Höhe von 620 Metern von bewaldeten Höhenrücken umgeben. 1014 und 1020 entstand die Jakobus-Kapelle. Bereits 1150 war dort aufgrund günstiger Verbindungen zu Sachsen und Thüringen eine Wallfahrtsstätte. 1323 wird der Ort erstmals urkundlich genannt, 1356 erhalten die Grafen von Orlamünde „Gerhartzgrün“. Die größten Orte der Gemeinde sind Dürrenwaid, Silberstein, Steinbach, Langenbach, Hirschberglein und Geroldsreuth. Wichtigster und traditionsreichster Betrieb ist neben dem Handwerk und der Dienstleistungsbranche die Firma Faber-Castell, die mit einer künstlerisch hochwertig gestalteten farbigen Fabrikfassade Unternehmenskultur dokumentiert. Das Langenautal, der Aussichtsturm der Frankenwarte, das Schieferbergwerk Lotharheil oder der Langes Bühl bei Steinbach sind lohnende Ziele für einen Ausflug in den Frankenwaldort.

HELMBRECHTS

Helmbrechts ist die drittgrößte Stadt im Landkreis. Das Gemeindegebiet hat eine Gesamtfläche von 58,66 qkm und ist zwischen 600-700 Meter hoch gelegen. 1232 wurde der Ort erstmals urkundlich genannt, ab 1386 ist er im Besitz der Burggrafen zu Nürnberg, 1442 wird Helmbrechts zur Stadt erhoben. Beim Brand von 1844 wird das alte Stadtbild vernichtet. Bereits 1538 gibt es eine Zunft der Schneider und Leineweber. Ungefähr ab 1890 entwickelt sich die Stadt durch Exportgeschäfte von farbenfrohen Textilien zum „Kleiderschrank der Welt“. Im Oberfränkischen Textilmuseum der Stadt wird diese Entwicklung eindrucksvoll dargestellt. Das heutige Helmbrechts ist eine florierende Industriestadt unterschiedlichster Branchen. Die Textilindustrie im Helmbrechtser Raum gehört mittlerweile zu der modernsten in Europa. Die Lebensqualität ist sehr gut – ob Arbeitsplätze, Freizeit, Schule, Wohnen oder ganz Alltägliches – ein alter Spruch macht´s deutlich: „In Helmetz und auf der Welt iss schee!“

Die Gemeinde mit einer Gesamtfläche von 18,69 qkm liegt 524 Meter hoch im Issiggrund. Zur Gemeinde gehören die Orte Reitzenstein, Kemlas, Griesbach und Eichenstein. 1398 wurde der Ort erstmals urkundlich als Vorwerk der Reitzensteiner erwähnt. Die St. Simon und Judas-Kirche und das Schloß sind sehenswert. Die ruhige Lage und die herrliche Umgebung machen Issigau zu einem idealen Wohnort. Teile des Naturschutzgebietes Höllental, der legendäre „Hirschsprung" am „König David" und der Wiedeturm bei Wolfstein gehören zur Gemeinde. In Unterwolfstein beginnt einer der schönsten Wanderwege Deutschlands, der Frankenweg – und unweit davon im benachbarten thüringischen Blankenstein an der Saale der traditionsreiche Rennsteig.

KÖDITZ

Die Gemeinde Köditz liegt im weiten Tal des Göstrabaches zwischen 450-600 Höhenmetern und hat eine Gesamtfläche von 31,45 qkm. Im Schnittpunkt von zwei frühmittelalterlichen Straßen nach Sachsen und Böhmen entstand ein Vorwerk der Murring. 1390 waren die Lüchauer und Herren von Feilitzsch im Ort begütert. 1402 brandschatzten die Vögte von Weida das Dorf. In der Mitte des 15. Jahrhunderts erbaute Leonard Huß eine Kapelle aus Holz. Ab 1637 Wiederaufbau der Wehrkirche, in den Jahren danach folgten weitere Ausbauten, die zur heutigen Gestalt führten.
Köditz bildet mit Joditz, Lamitz, Schlegel, Brunnenthal und Saalenstein eine Gemeinde, die vor allem mit dem Auensee und dem Saaletal hohe Freizeit- und Wohnqualitäten hat.

KONRADSREUTH

Konradsreuth liegt 554 Meter hoch und hat eine Gesamtfläche von 43,33 qkm. 1266 wird Ulricus de Conradsreute vom Geschlecht der Lüchauer erstmals urkundlich genannt. 1646 errichtet Georg Rudolph von Reitzenstein ein zweites Rittergut und es entstehen zwei Siedlungsgebiete: das „alte Dorf“ um Wasserschloß und Kirche als „Conradreuth unteren Teils“ bezeichnet und der „obere Teil mit Löffler'schem Hof“ als Mittelpunkt. Ab 1780 siedeln erste Handweber im Ort, 1812 wird im Ortsteil Maschinenhaus ein Spinnhaus von den Schloßherren „zur Schaffung armer Leute Brot“ gebaut. Diese Fabrik ist 1825 die erste Maschinenspinnerei in Oberfranken, ab 1900 werden dort die ersten mechanischen Webstühle installiert.
Die industrielle Entwicklung ging seitdem kontinuierlich voran. Heute ist der Ort eine blühende Industriegemeinde, in der bedeutende Unternehmen unterschiedlichster Branchen beheimatet sind.

LEUPOLDSGRÜN

Leupoldsgrün hat eine Gesamtfläche von 10,26 qkm und ist zwischen 590-630 Meter hoch gelegen. Der Ort entstand vermutlich als Vorwerk des Rittersitzes Konradsreuth. Erste urkundliche Erwähnung im Jahr 1335. Durch den Ort verläuft die Wasserscheide zwischen Saale und Selbitz, der „Hohe Stein" bei Lipperts bietet ein herrliches Panorama in alle Richtungen.
In der Gemeinde befinden sich attraktive Wohngebiete und eine Montessori-Schule.
Das Gewerbegebiet liegt direkt an der Autobahn Berlin-München A9 mit der Anschlußstelle Leupoldsgrün.

LICHTENBERG

Die Stadt Lichtenberg ist die älteste Stadt des Landkreises. Das Stadtgebiet umfaßt eine Größe von 9,47 qkm. Der 564 Meter hoch gelegene Ort hat seine Stadtrechte bereits 1337 erhalten. Der mittelalterliche Stadtgrundriß wird durch den sichelförmigen Straßenmarkt geprägt, der heute vollkommen saniert mit Marktbrunnen, Rathaus und den Bürgerhäusern ein herrliches Ensemble bildet. Neben der umfangreich renovierten Kirche St. Johannis sind noch weitere Gebäude sehenswert: Das ehemalige Rentamt, jetzt Burghotel, das Burgrestaurant „Harmonie" mit außergewöhnlicher Innenausstattung und die musikpädagogische Begegnungsstätte „Haus Marteau" am Ortsrand. Vom Schloßberg hat man einen herrlichen Blick nach Thüringen. Außerhalb der Stadt sind weitere Attraktionen zu finden: Das Besucherbergwerk Friedrich-Wilhelm-Stollen, das Naturpark-Informationszentrum „Alter Bahnhof" in Blechschmidtenhammer und das Freizeitzentrum am Frankenwaldsee.

MÜNCHBERG

Die ehemalige Kreisstadt ist die größte Stadt des Landkreises. Sie liegt auf der geologisch bedeutenden Münchberger Gneismasse in einer Höhe von 525 Metern und hat eine Gesamtfläche von 68,76 qkm. Zwischen 1220 und 1240 erwerben die Herren von Sparneck die Siedlung. Im Jahre 1224 erscheint urkundlich der Name „Munchiberc". Von 1369 bis 1381 erwerben die Burggrafen von Nürnberg das Gebiet. 1792 geht Münchberg an die preußische Krone und wird nach kurzer französischer Verwaltung 1810 bayerisch. Ab dem 16. Jahrhundert ist die Hausweberei Haupterwerb der Bevölkerung. 1884 geht die erste mechanische Weberei in Münchberg in Betrieb, 1854 Gründung der ersten bayerischen Textilfachschule. Im weiteren Verlauf entwickelt sich die Stadt zu einer der bedeutendsten deutschen Textilstädte, zu denen sie noch immer gehört. Der Ort ist heute ein modernes Zentrum mit allen Einrichtungen einer lebendigen Stadt. Kultur, Freizeit und Wirtschaft prägen sie und bilden Synergien für diesen überaus attraktiven Standort.

NAILA

Die ehemalige Kreisstadt Naila mit einer Gesamtfläche von 37 qkm liegt zwischen 488 und 710 Höhenmetern. 1343 wurde das „dorf zu Neulins“ erstmalig beurkundet. 1454 verleiht Markgraf Johann IV. von Brandenburg das Wappen mit dem Wilden Mann. In der Folge erlangte der Ort eine Blütezeit durch den Bergbau, der erst 1860 vollständig endete. 1818 erhielt Naila das Stadtrecht und am 3. August 1862 wurde die gesamte Stadt durch einen Großbrand fast vollständig vernichtet. 1886 beginnt für Naila die Industriegeschichte mit Schuh- und Textilfabrikation. Nach 1945 hat sich die Stadt durch Ansiedelung neuer Wirtschaftszweige zu einem bedeutenden Standort entwickelt. Im Zuge der Gemeindegebietsreform wurden die Orte Hölle, Marxgrün, Lippertsgrün, Marlesreuth und Culmitz der Stadt zugeordnet. Das moderne Naila hat sich als Schulstadt und als Dienstleistungsstandort mit bester Infrastruktur zum Mittelzentrum im nordöstlichen Frankenwald entwickelt.

OBERKOTZAU

Die Marktgemeinde mit einer Gesamtfläche von 21 qkm ist südlicher Nachbar der Stadt Hof und liegt direkt an der Saale. Frühgeschichtliche Funde im Ortsgebiet lassen eine frühe Besiedlung des Raumes vermuten. Im Jahre 1111 stiften die Brüder Arnulphus und Bremmer nach Rückkehr vom Kreuzzug eine Kapelle im Schloßhof. 1230 baut Wolfgang von Kotzau eine steinerne Brücke über die Saale. 1396 kamen die Freiherren von Kotzau an die Burggrafen von Nürnberg, diese verliehen 1444 dem Ort das Marktrecht. 1662 kaufte Markgraf Christian Ernst von Bayreuth die Kotzauer Lehen. Die Pfarrkirche St. Jakobus stammt aus dem 15. Jahrhundert. Sehenswert sind die um 1460 geschaffenen spätgotischen Schreinfiguren und der Kanzelaltar von Elias Räntz aus dem Jahr 1708. Das Wahrzeichen des Ortes ist die „Pfeifersbrücke“, eine 200 Jahre alte Steinbogenbrücke. Mit der Eröffnung der Eisenbahnlinie 1848 und 1878 wurde Oberkotzau Eisenbahnerstadt. 1863 begann mit einer Färberei die Industrialisierung, die sich konstant weiterentwickelt hat und den Ort heute als einen modernen Wirtschaftsstandort prägt.

REGNITZLOSAU

Die Gemeinde Regnitzlosau hat eine Fläche von 39,91 qkm und liegt auf einer Höhe von 495-602 Metern. Um 1234 wohnten Cunradus, Arnoldus, und Ciban de Lasan in einer Turmhügelburg im Süden des Dorfes. Um 1477 fand eine Bebauung durch Hans von Feilitzsch statt. Der Kern der Markgrafenkirche stammt aus dem 14. Jahrhundert. Die Kirche ist das Wahrzeichen des Ortes und prächtig ausgestattet. Mit Kanzelaltar und reich bemalter Kassettendecke zählt sie zu den schönsten Sakralbauten Nordbayerns. Das gegenüberliegende Pfarrhaus mit wunderbarem Granitportal wurde 1792/93 errichtet. Der Ortsteil Nentschau hat mit seinem strohgedeckten Umgebindehaus eine einmalige Attraktion. Interessant ist auch das Dreiländereck bei Prex, wo Sachsen, Tschechien und Bayern zusammentreffen. Die gute Verkehrslage mit direkter Anschlußstelle an die A93 und preiswerte Industrie- und Wohngebiete geben dem Ort sehr gute Standortqualitäten.

Die frühere Kreisstadt Rehau ist die zweitgrößte Stadt im Landkreis. Das Stadtgebiet hat eine Fläche von 80,34 qkm und ist ca. 527 Meter hoch gelegen. Im Jahr 1234 tritt der Ort erstmals urkundlich als „Resawe" in Erscheinung. 1427 erhebt Friedrich I., Markgraf zu Brandenburg-Kulmbach, den Ort zum Markt mit Stadtrechten. Der Großbrand von 1817 hatte zur Folge, daß eine völlige Neukonzeption der Stadt entstanden ist, die bis heute das innerstädtische Stadtbild prägt. Ende des 19. Jahrhunderts beginnt in Rehau die Industrialisierung. Es entstehen Porzellanfabriken, Holz- und steinverarbeitende Betriebe, Bleichereien, Färbereien, Gerberei und Lederfabriken. 1948 wird ein kunststoffverarbeitendes Werk gegründet, das heute als Rehau AG mit tausenden Mitarbeitern in über 50 Ländern weltweit tätig ist. Der Slogan „Industriestadt im Grünen mit Herz und Kultur" stimmt: Schulen, Sport- und Freizeitanlagen, soziale Einrichtungen und Kunst sind in Rehau zuhause. Intakte Umwelt und bestens erschlossene Wohngebiete machen die Stadt zu einen Standort von besonderer Qualität.

Die Stadt Schauenstein liegt 608 Meter hoch und hat eine Gesamtfläche von 26,66 qkm. Es wird vermutet, daß bereits im Jahre 1000 in Schauenstein ein Rittersitz oder ein Gericht existierte. Die Erbauung der Burg fand im 12. und 13. Jahrhundert statt. Otto de Schorgast übte von 1122-1230 das Amt des Vogtes und Richters als Amtmann der Herzöge von Andechs-Meranien aus. 1386 und 1388 wird Schauenstein als freies Eigen an Burggraf Friedrich V. von Nürnberg verkauft. 1422 bestätigt Markgraf Kurfürst Friedrich I. von Brandenburg-Nürnberg die Stadtrechte und verleiht der Stadt ein Wappen. Im 16. Jahrhundert erlebt die Stadt eine Blüte durch den Bergbau. 1622 wurde im jetzigen Dorschenhammer eine Münzstätte eingerichtet. Im 18. Jahrhundert hatte die Stadt bereits eine Weber- und Schuhmacherzunft und Bierbrauerei. Ende des 19. Jahrhunderts gab es eine Textilfabrik, Webereien, Schuhfabrik und Holzschleiferei. Wahrzeichen der Stadt sind das Schloß, die Pfarrkirche mit dem Pfarrhaus und der Felsblock „Schlafender Riese“ vor der Stadt.

SCHWARZENBACH an der SAALE

Schwarzenbach an der Saale liegt 501 Meter hoch und hat eine Fläche von 59,17 qkm. Die Stadt ist eine fränkische Gründung des 11./12. Jahrhunderts. Um 1210 sind die Herzöge von Meranien und die Vögte von Weida Lehensherren. 1620 erhält der Ort die Marktrechte, 1844 wird durch König Ludwig von Bayern das Stadtrecht verliehen. Mit der Eröffnung der Bahnlinie beginnt 1848 die Industriegeschichte der Stadt. Ihre Wirtschaft ist durch Branchenvielfalt aus Industrie, Handwerk, Handel und Dienstleistungsgewerbe geprägt. Mit dem Vliesstoffwerk Sandler ist in der Stadt ein Unternehmen beheimatet, welches mit modernsten Produktionstechniken innovative Produkte fertigt, die weltweit angewendet werden. Sehenswert im Ort ist das ehemalige Schönburg'sche Schloß; der Gebäudekomplex dient heute als Rathaus.
Am Saalewehr hat man einen malerischen Blick auf die Altstadt und die St. Gumbertuskirche. Das Umland mit dem Nordrand des Fichtelgebirges, ein Naturwaldbad und der ca. 12.000 qm große Förmitzspeicher und das Hallenbad geben der Stadt einen hohen Freizeitwert.

SCHWARZENBACH am WALD

Schwarzenbach am Wald mit einer Gesamtfläche von 36,70 qkm liegt am Fuße des Döbraberges. Zur Stadt gehören auch größere Orte wie Bernstein, Straßdorf, Döbra und Schwarzenstein. Erste urkundliche Erwähnung des Ortes im Jahr 1388. 1493 Erteilung von Marktrecht und Gerichtsbarkeiten. 1758 markgräfliches Verwaltungsamt mit Kammer, Justiz und Vogtei. 1859 Großbrand, der den Ort zum Großteil vernichtet. 1954 wird Schwarzenbach Stadt. Nach der Niederlegung des Bergbaues entwickelt sich die Handweberei und Handstickerei zu einem wichtigen Erwerbszweig. 1912 ist durch den Betrieb einer mechanischen Weberei und der Eröffnung der Bahnstrecke nach Naila ein wirtschaftlicher Aufschwung zu verzeichnen. Heute besteht das Wirtschaftsgefüge der Frankenwaldstadt aus unterschiedlichen Branchen von Industrie, Handel und Dienstleistung. Das hervorragende Freizeitangebot mit Hallenbad, Mountainbike-Zentrum, das Skizentrum Döbraberg mit Loipen und Liften und das ideale Wandergebiet stärken die Entwicklung Schwarzenbachs zu einer modernen Dienstleistungsgemeinde.

SELBITZ

Selbitz liegt 520 Meter hoch und hat eine Gesamtfläche von 27,71 qkm. Die Urzelle des Ortes war vermutlich ein von Flußarmen und Gräben umgebener Sitz der Wildensteiner. 1318 gehörte die Pfarrei zur Pfarrpfründe Hof. 1783 Marktgerechtigkeit durch Markgraf Alexander, in dieser Zeit Bergbau um Selbitz. Ende des 18. Jahrhunderts gab es durch den Bahnlinienbau Hof-Marxgrün und der Entstehung erster Fabriken im Jahr 1886 einen wirtschaftlichen Aufschwung. Nach 1945 stieg durch Zuzug von Heimatvertriebenen die Einwohnerzahl und es entstanden neue Wirtschaftszweige, die bis heute die Stadt prägen. 1954 erhält Selbitz das Stadtrecht. Beste Verkehrsverbindung an die B173 Hof-Kronach und die Autobahnen Leipzig-Nürnberg und Hof-Chemnitz und an die Bahn. Der Dudelsackbläser im Wappen ist die Symbolgestalt, von der auch der Spitzname „Bockpfeifer“ stammt. Sehens- und besuchenswert sind die Stadtkirche, das Rathaus mit seinem Brunnen und das Hallenbad. Das absolute Großereignis ist das Selbitzer Wiesenfest, das seit 1834 jedes Jahr im Juli gefeiert wird.

SPARNECK

Die Marktgemeinde Sparneck am Nordrand des Waldsteins ist Sitz der Verwaltungsgemeinschaft Sparneck-Weißdorf. Zum Ort gehören Brandenstumpf, Einöden, Germersreuth, Grohenbühl, Immerseiben, Immershof, Reinersreuth, Rohrmühle, Saalmühle, Stockenroth und Ziegelhütte. Das Gemeindegebiet umfaßt eine Fläche von 16,36 qkm bei einer Höhenlage von 569 Metern. Zwischen 1200 und 1223 siedelt Rüdiger von Sparnberg am Fuße der Burg Waldstein. Er errichtet ein Schloß mit Wirtschaftshof und nennt sich nun von Sparneck. 1223 wird das „Castrum Sparnecke" erstmals urkundlich genannt. 1563 erwerben die Bayreuther Markgrafen den Ort. 1792 geht Sparneck an die preußische Krone, 1806 französische Verwaltung und ab 1810 gehört der Ort zu Bayern. Sehenswert ist die Pfarrkirche St. Veit mit Teilen der ehemaligen Klosterkirche. Die herrliche Umgebung und vor allem das Waldsteingebiet laden zu erlebnisreichen Wanderungen um die aufstrebende Wohngemeinde ein.

STAMMBACH

Die Marktgemeinde Stammbach liegt 530 Meter hoch zwischen Frankenwald und Fichtelgebirge auf der Münchberger Gneismasse. Sie hat eine Gesamtfläche von 34,66 qkm und besitzt mit dem Weißenstein eine geologische Besonderheit. Im Jahr 1143 besteht im Ort eine Kapelle, ab 1198 findet die kirchliche Betreuung durch das Zisterzienserkloster Marienweiher statt, ab 1474 ist Stammbach selbstständige Pfarrei. 1710 wird der Kirchturm neu gebaut, 1826 entsteht ein völliger Neubau des Kirchenschiffes. Der Ort wird erstmalig 1323/28 urkundlich als Steinpach genannt. 1474 kommt der Ort zum Fürstentum Bayreuth-Kulmbach mit Vogtei (1538) und Marktrecht. 1791 gehört Stammbach zu Preußen, 1806 französische Besatzung und 1810 geht der Ort an Bayern. Mit dem Anschluß an die Eisenbahn beginnt 1848 die Industrialisierung mit der Textilfabrikation. Wunderbare Dörfer – vor allem das mit Bundes-Gold gekürte Weickenreuth – sind einen Besuch wert. Vom Wahrzeichen des Ortes, dem 668 Meter hohen Weißenstein hat man herrliche Fernsichten zum Fichtelgebirge und Frankenwald bis ins Kulmbacher Land.

Die Gemeinde Töpen mit einer Gesamtfläche von 20,80 qkm liegt im nördlichen Landkreis an der Grenze zu Thüringen und Sachsen. Der Ortsname hat vermutlich slawischen Ursprung und läßt auf eine frühe wendische Gründung schließen. Um 1200 waren die Herren von Tepen als Burgmannen der Vögte von Weida im Ort ansässig. 1390 bestand eine Kapelle, um 1500 Erbauung der Kirche, 1711-1715 Erweiterung des Kirchenbaus und Neubau des Turms. 1789 wurde die Bemalung der Pfarrkirche St. Marien geschaffen. Die weite und sanfte Hügellandschaft der Umgebung und die im Wettbewerb „Das schönere Dorf" preisgekrönte Ortschaft Isaar sind von beeindruckender Schönheit. Das deutsch-deutsche Museum in Mödlareuth und der Aussichtsturm am Petersgrat über der Saale sind weitere Höhepunkte im Gemeindegebiet. Aber auch zum Wirtschaftsstandort hat sich Töpen entwickelt. Die B2 Hof-Schleiz und die Autobahn A72 Hof-Chemnitz führen durch das Gemeindegebiet.

TROGEN

Trogen bildet mit Feilitzsch und Gattendorf eine Verwaltungsgemeinschaft. Der Ort liegt auf 508 Meter Höhe in einer Mulde des Langenlohbaches, der in die Regnitz mündet. Die Gesamtfläche des Gemeindegebietes umfaßt 12,32 qkm. In Trogen lassen sich Spuren einer frühen Besiedelung feststellen: ein Hügelgrab bei Ullitz, der rautenförmige Harzsiedestein bei Föhrig und eine sagenumwobene Steinplatte in der „Alten Heide". Trogen hatte im 14. Jahrhundert drei Rittersitze: das untere Gut in Form einer Wasserburg, das sächsische Lehensgut und die „Zeche" als brandenburgisches Vorwerk. 1360 hatte der Ort eine Kapelle, 1535 wurde der gotische Bau durch Feuer zerstört, die daraufhin neu erbaute Kirche brannte im Jahr 1637 ab. 1747 wurde eine Saalkirche im Markgrafenstil erbaut. Ein Umbau erfolgte 1888. Von 1970-77 wurde das Gotteshaus grundlegend restauriert. Trogen ist heute ein attraktiver Wohnort und gehört zum Schulverband „Bayerisches Vogtland".

WEIẞDORF

Weißdorf liegt 532 Meter hoch an der Saale und hat eine Gesamtfläche von 21,91 qkm. Zur Gemeinde gehören die Orte Albertsreuth, Bärlas, Benk, Bug, Eiben, Lohmühle, Oppenroth, Schäferei, Schallersgrün und Wulmersreuth. Weißdorf bildet mit Sparneck eine Verwaltungsgemeinschaft. Die Gründung des Ortes geht vermutlich auf fränkische Besiedelung im 11. Jahrhundert zurück. Die bestehende Wasserburg wird 1430 durch Hussiten und 1523 durch den Schwäbischen Bund zerstört. 1551-1605 verkaufen die Herren von Sparnberg einen Großteil ihres Besitzes an den Markgrafen. 1442 wird eine Kirche als Lehen des Bamberger Bischofs erwähnt, die sich im Patronat der Herren von Sparneck befindet. Von ihnen wird 1480 eine neue Kirche erbaut, die heute als bedeutender Sakralbau mit gotischem Kreuzgewölbe und Fresken zu bewundern ist. 1818 Entstehung der heutigen Gemeinde, die eine hohe Wohnqualität aufweist.

ZELL

Die Marktgemeinde Zell mit einer Gesamtfläche von 31,24 qkm liegt am Fuße des Waldsteins im Fichtelgebirge in einer Höhe von 615 Metern. Der staatlich anerkannte Erholungsort gründet auf einer alten Klostersiedlung, die als „cella Waltstein“ bezeichnet wurde. Zwischen 1102 und 1139 wird diese vom Bamberger Bischof Otto I. erworben. 1230 geht Zell an die Herren von Sparneck und um 1536 erwerben die Markgrafen von Brandenburg das Gebiet und verleihen Zell die Marktrechte. Nach Bränden in den Jahren 1831 und 1836 erhält das Ortsbild seine jetzige Gestalt. Die Kirche kann seit 1441 nachgewiesen werden. 1769 wird ein Kirchenneubau begonnen, der 1831 durch Brand vernichtet wird. 1835 wird die Kirche wiederum neu erbaut. Der Ort hat eine hohe Lebensqualität: Freibad, Segelflugplatz, Waldstein, Saalequelle und das Oberfränkische Bauernhofmuseum in Kleinlosnitz sind Attraktionen, die immer einen Besuch wert sind.